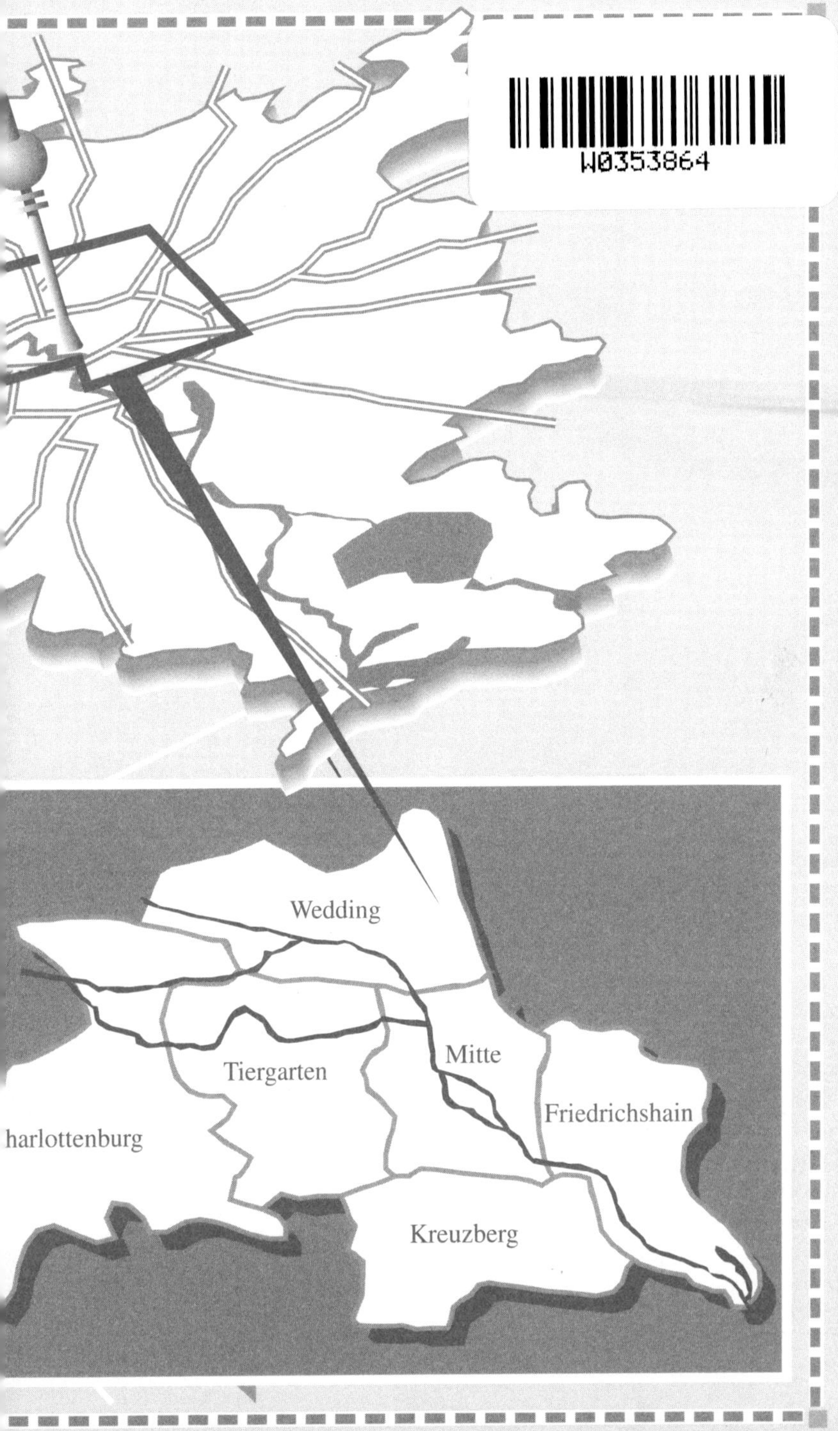
Wedding
Mitte
Tiergarten
harlottenburg
Friedrichshain
Kreuzberg

Gerhard Holtz-Baumert · BERLIN wie es im Buche steht

Gerhard Holtz-Baumert

BERLIN
wie es im Buche steht

Literarische Spaziergänge

1946 1996

DAS NEUE BERLIN

Mit fotographischen Spaziergängen
durch Berlin-Mitte (1991–1996)
von Rolf Zöllner

Karten: Karl-Heinz Döring

WIE DER ROLAND GESTÜRZT WURDE

Der Roland von Berlin steht vor dem Märkischen Museum an der Jannowitzbrücke. Über seine Bedeutung streitet man noch immer, es heißt, er zeige an, daß die Stadt den Blutbann ausübt und die Hals- und Kragengerichtsbarkeit innehat. Ähnliche steinerne Wahrzeichen findet man noch in Brandenburg an der Havel und in Perleberg. Aber dort sind es die echten; vor dem Museum in Berlin steht eine Kopie.

Wie es kam, daß Kurfürst Friedrich II., der »Eisenzahn«, den Berliner Roland schleifen ließ und damit seine Herrschaft über die Doppelstadt Berlin-Cölln ausdrückte, beschreibt Willibald Alexis in seinem nach dem Roland benannten Roman.

Berlin und Cölln hatten einen gemeinsamen, zerstrittenen Rat. Gleichzeitig rebellierten die Handwerker gegen die Patrizier, voran die vier Gewerke: Bäcker, Schuhmacher, Fleischer, Schneider. Der Bürgermeister von Berlin, Rathenow, rief einem jungen Handwerker, der um seine Tochter freite, zu: »Ehe nicht der Roland von seinem Gestell springt und durch die Stadt spaziert, kriegst du mein Kind nicht.« Kurfürst Friedrich II. machte es wahr, indem er den steineren Riesen durch die Stadt schleifen ließ. Mit dem Roland wurde so die Autonomie der Städte Berlin und Cölln demontiert. Noch einmal kämpften die Städte im »Berliner Unwillen« 1447–48 um ihre Freiheit, der Fürst blieb der Stärkere.

Sein bescheidenes Haus stand in der Nähe des Grauen

Klosters; nun errichtete sich der Fürst ein großes Schloß, zu dem er einen Teil der Stadtmauer brechen ließ; wo sich vorher eine Barbierstube ans Spreeufer drückte, dahin wollte er seine Zwingburg haben.
Übrigens: Alexis beschreibt das Berliner Rathaus, in dem vieles aus der Romanhandlung geschieht, als »auf der Langen Brücke« (heute Rathausbrücke) stehend; seit Anfang des 19. Jahrhunderts haben Historiker nachgewiesen, daß dies nicht stimmte, es befand sich immer in der Nähe der Brücke, aber nicht auf ihr.
Willibald Alexis, der eigentlich Häring hieß, ein sehr verdeutschter hugenottischer Name, hat in mehreren Breitwand-Romanen die märkisch-berlinische Geschichte geschildert. Fontane verdankt ihm viel, aber er blieb kritisch und hielt Alexis 1873 vor: »Man kann die Mark nicht zu dem Gelobten Lande machen, das, von Anfang an, die Verheißung Deutschlands gehabt hat ... Während in Wahrheit Kurbrandenburg ein bloßes Reichsanhängsel war und die Herrlichkeit unserer Städte neben den Reichs- und Hansestädten verschwand.« Soweit richtig, Alexis nennt in seinem Roman die Doppelstädte: »Krähennester, Schlammpfützen, Pfahlbauten«. Aber mit dem Sieg des Kurfürsten war doch ein Signal gesetzt, für das ganze Reich im Kampf der Territorialfürsten gegen das Städtebürgertum. Es irrte Fontane gegen Alexis, wenn er überschwenglich den Sieg Eisenzahns begrüßte.
Wilhelm Häring wurde 1798 in Breslau geboren, die Mutter zog nach des Vaters Tod nach Berlin. Der Sohn studierte Jura und arbeitete als Assessor am Kriminalgericht. Als seine historischen Romane Furore machten, nannte er sich Willibald Alexis, nach seinem Studenten-

namen. Er wohnte zunächst in der Zimmerstraße, dann unterhielt er ein neuerbautes gastliches Haus in der Wilhelmstraße 97; dort wohnte der Dichter Emanuel Geibel einige Zeit unter seinem Dach. Hier schrieb Alexis seine historischen Romane, darunter den »Roland von Berlin«. Vor dem ihn immer mehr bedrückenden politischen Klima zog sich Alexis 1858 nach Arnstadt zurück.

Ein Schlaganfall und andere schwere Krankheiten machten ihn arbeitsunfähig, und die Schillerstiftung mußte ihn unterstützen. Denn Alexis, der den historischen Roman über die Mark Brandenburg begründet hatte, erhielt keine Staatspension, wie mancher subalterne Geist. Er starb 1871 in seiner thüringischen Wahlheimat. Seine Bücher brauchen Geduld; wenn man sie aufbringt, wird man reich entschädigt.

Willibald Alexis (1798–1871) schrieb außer dem Roman »Der Roland von Berlin« (1840) u. a. »Die Hosen des Herrn von Bredow« (1846), »Ruhe ist die erste Bürgerpflicht« (1852) und veröffentlichte zusammen mit Julius Hitzig den »Neuen Pitaval, eine Sammlung der interessantesten Kriminalgeschichten aller Länder aus älterer und neuerer Zeit« (1842/62).

SCHWIERIGER BESUCH

Ein Mann kehrt nach fast dreißig Jahren zurück: Er hat Berlin als Kind verlassen, von den Eltern zu einem Onkel nach England geschickt, um ihn zu schützen. Die Eltern selbst blieben, weil sie meinten, es würde so schlimm schon nicht werden – und kamen um Besitz und Leben.

George Efraim, nun englischer Journalist, soll nach der verschollenen Kinderfreundin Esther fahnden, uneheliche Tochter seines Freundes und Chefs.

Efraim besucht das Haus seiner Kindheit nahe Kleists Grab in jener von den sieben Berliner Bismarckstraßen, die am kleinen Wannsee liegt, Nr. 12. Man hat dort sein Auftauchen gefürchtet; denn die heutigen Bewohner glauben – obwohl sie nicht jene sind, die sich den jüdischen Besitz aneigneten –, daß Efraim ihnen den Stuhl vor die Tür setzen könnte. Er denkt nicht daran, betreibt zwar die Rückgabe des Hauses, sichert aber den Leuten Wohnrecht und milde Miete zu. Ein Kapitel, das sich heute vor ähnlichen, aber ganz anders verlaufenden Vorgängen atemberaubend liest.

Auf der Suche nach Esther kommt er ins jüdische Hospital in der Iranischen Straße 2, er besucht in Steglitz schlesische Nonnen, die eine Privatschule führten und zuletzt das Mädchen sahen und dann es entweder fortgeschickt oder ihm vielleicht geholfen haben, sich zu verbergen.

Bei seiner Suche begegnet Efraim Anna Krystek, einer jungen Schauspielerin, die in Ostberlin studierte und jetzt – wir schreiben ein Jahr nach dem Mauerbau – als Westberlinerin ein Engagement sucht. Er hört von ihr wieder seinen Vornamen in zwei deutlich getrennten Silben als Ge-org. Sie führt Efraim zu Stadtteilen, in denen er nie war, nach Moabit und Rixdorf, die auch in der Berlin-Literatur kaum vorkommen. Efraim weiß nicht, was mit Rixdorf gemeint ist, wo es liegt. Anna, Nachfahrin der böhmischen Brüder, wohnt dort. Annas Antwort: »Sie stammen ehmt vom Wannsee!« Sie nimmt ihn mit zum Vater, einem Kohlenhändler in der Neuköllner Treptowerstraße. Eduard Krystek, der als Kommunist im KZ Oranienburg eingesperrt war, fühlt sich nicht gut. »Aber wenn de mir Hackepeter mit viel Bolle machst und 'n Helles dazustellst«, wird das Leben wieder schön, meint Krystek, und Efraim, der eigentlich gegen das Berlinische allergisch ist, hört entzückt Eduard mit der Tochter reden.

George Efraim, der Berlin nie wiedersehen wollte und am Ende des Romans auch weiß, daß er nicht mehr wiederkommen wird, durchstreift die Stadt und vergißt, daß er Anna Krystek nicht einfach ins Berliner Ensemble einladen kann. Er sieht dort Brechts »Tage der Commune« mit Thate und Flörchinger. Die Kontrollprozedur an der Grenze verstört und empört Efraim. Später spaziert er über den stillen Gendarmenmarkt; und obwohl er ständig den Geruch nach »Puritanismus und Staub« zu verspüren meint, spielt er den Gedanken durch, hierher zu ziehen und in der Nähe des Hausvogteiplatzes zu wohnen.

Efraim findet die sichere Spur Esthers nicht, und Anna Krystek folgt nicht seinem Werben. Er wird die Geschichte seines Berlin-Aufenthalts als Roman schreiben und den zur Routine gewordenen Journalismus aufgeben.

Der Roman »Efraim« erschien nach Ablehnung durch den S. Fischer Verlag 1967 bei Diogenes. Der Autor hatte 1964 nur ein Vierteljahr in Westberlin gewohnt, und es ist erstaunlich, wie genau der 1914 in München geborene Alfred Andersch die Atmosphäre der Stadt trifft.

Er war vor 1933 Funktionär des KJV (Kommunistischer

Jugendverband) gewesen; von den Nazis ins KZ Dachau gebracht, wurde er später Bausoldat am Westwall. Andersch desertierte 1944 zu den Amerikanern. Nach dem Krieg war er Redakteur und Mitorganisator der Gruppe 47. 1958 gab er alle öffentlichen Ämter auf und übersiedelte in die Schweiz, wo er 1980 starb. Max Frisch: »Jede literarische Würdigung seines Werkes, die Alfred Andersch als einen Meister deutscher Prosa entpolitisiert, wäre ein Hohn.«

Alfred Andersch (1914–1980) schrieb außer dem Roman »Efraim« (1967) u.a. den autobiographischen Bericht »Die Kirschen der Freiheit« (1952), die Romane »Sansibar oder Der letzte Grund« (1957), »Die Rote« (1960), »Winterspelt« (1974) und Erzählungen »Geister und Leute« (1958) sowie zahlreiche Hörspiele.

GASTWIRT UND POET DAZU

Wenn einer, der als Verfasser von 100 Stücken erfolgreich war, auch als Schauspieler, schließlich Kneipier wird, sind er und sein Werk uns natürlich sogleich interessant. Der Mann heißt Louis Angely, 1787 in Leipzig geboren und 1835 in Berlin als Gastwirt gestorben.

Angelys Arbeiten bestanden aus Possen, Vaudevilles, Singspielen, in denen er Vorbilder des französischen Vorstadttheaters ausbeutete. Mit Karl v. Holtei, Julius v. Voß, Glaßbrenner und Kalisch gab er das heitere Bild berlinischen Lebens und machte dabei den Stadtdialekt, wenn nicht salonfähig, so doch populär; man hielt sich weithin etwas zugute, wenn man bewußt berlinerte. In seinem am 4. Januar 1828 im Königstädtischen Theater aufgeführten »Komischen Gemälde aus dem Volksleben in einem Akt – Das Fest der Handwerker« ist die stehende Wendung des Maurerpoliers Kluck: »Und dadrum keene Feindschaft nich« zu finden und bis in die jüngste Zeit sprichwörtlich. Auch König Friedrich Wilhelm III. gebrauchte sie.

Die Posse spielt im Berliner Vogtland, also zwischen Brunnen- und Gartenstraße, wo mächtig gebaut wird – wohl gerade an den »Mücken«, den ersten Mietskasernen. Arbeiter und Handwerker aus vielen Ecken Deutschlands treibt es her: Sachsen, Schlesier, Pommern, selbst Österreicher, um als Mauerer, Tischler, Klempner und Schlosser Arbeit zu finden. Berlin schon als Schmelztiegel! Die Arbeiter verkehren in der »Tabagie« – hier durfte geraucht werden – der Frau Mietzel und schätzen nicht nur Bier und Schnaps, sondern auch ihr Essen; werktags Weißkohl mit Kaldaunen. Zusätzlich zieht Tochter Lenchen, ein dralles, hübsches Mädchen, Gäste an. Die Wirtin will sie natürlich gut verheiraten, aber die hat sich in einen Zimmermann verguckt. Doch ihr Wilhelm ist vom Gerüst gestürzt und seit zwei Monaten krank, wer weiß, ob er je wieder arbeiten kann. Die Mutter: »Den Willemm sollst de nich heiraten, weil er keen Groschen nich hat.« Konkurrent für Willemm ist Hähnchen, ein Tischler. Georg Hermann, der »Kubinke«, »Jettchen Gebert« und »Rosenemil« schrieb, charakterisierte Hähnchen als Berliner Typus: »Luftikus, großschnäuzig, feige, mit Ehrenpunkt dabei, immer ›derjenige welcher‹ bei die Damens, beim Gänseausschieben, bei der Arbeit, vif und frech, quecksilbrig mit Bildungsfetzen.«

Bauunternehmer Wohlmann, bei dem alle Gewerke arbeiten, besucht die Tabagie und erfährt vom Kummer Lenchens. Er weiß auch vom Unfall Wilhelms, der ebenfalls sein Arbeiter ist. Wohlmann rafft sich zu einer revolutionären Rede auf: der verletzte achtbare Handwerksmann »gleicht dem Soldaten, der im Feld auf blutigem Bett der Ehre fällt und muß gleich ihm geehrt werden«. Das war deutlich zu einer Zeit, da ein Arbeitsunfall oft zur Obdachlosigkeit oder ins Armenhaus führte. Selbst

Blick vom Berliner Dom, 1996

die Wirtin muß zugeben, daß sie sich immer sehr ängstigt, »wenn ich manchmal so'n Maurer uf so'n kleenen Präsentierteller in der Luft hängen sehe«. (Noch heute verwenden wir diesen »Präsentierteller« in unangenehmer Lage, auch wenn es nicht hoch in die Luft geht!) Der einst selbst Handwerker war und aufstieg, der philanthropische Wohlmann verkündet beim Fest der Handwerker und ihrer Frauen der Frau Mietzel: »Hier steht der Bräutigam, den ich Ihnen versprach. Ich geb ihm die Holzlieferung für alle meine Bauten, richte ihm die Wirtschaft ein, mache ihm die Hochzeit und lade mich dazu ein.« Die pfiffige Wirtin nutzt die allgemeine Rührung ganz heutig zur Werbung: »Kommen sie fleißig in meine Tabagie.«

»Köstlich im Stil, in der Geschlossenheit, im Tempo«, sah Georg Hermann Angelys Stück.

Eine Straße, genannt nach dem Bahnbrecher der Berliner Posse, sucht man umsonst. Wo er seine Gastwirtschaft betrieb, ist nicht mehr zu erfahren. Sein Grab auf dem alten Französischen Friedhof wurde im DDR-Grenzstreifen eingeebnet.

Louis Angely (1787–1835) schrieb außer der Volksposse »Das Fest der Handwerker« (1828) u. a. »Sieben Mädchen in Uniform« (1825), »Alle fürchten sich oder Die Hasen in der Hasenheide« (1834), »Paris in Pommern« (1840).

»DIE MÜCKEN« IM VOGTLAND

Mitte des 18. Jahrhunderts ließ Friedrich vor dem Hamburger und Rosenthaler Tor (zwischen Brunnen- und Gartenstraße) Maurer und Zimmerer aus dem Vogtland ansiedeln. Der König gab auch zehn Gärtnerfamilien Haus und vier Morgen Land, die Sandwüste dort zu kultivieren. 1820–24 wurden fünf Mehrgeschosser, Familienhäuser, genannt »die Mücken«, an der Westseite der Gartenstraße errichtet. Die ersten Mietskaseren der Stadt, aus minderwertigem Material, erbaut vom Baron

von Wülkenitz, der, ganz modern, mit dem aufgenommenen Kapital durchbrannte.
In der großen Wohnungsnot wurden schon die Keller bezogen, als man oben noch mauerte. Die Stuben klein, Gemeinschaftsküchen, Aborte auf dem Hof. Wer die Miete nicht aufbringen konnte, wurde exmitiert oder ins Armenhaus eingewiesen, wo es wie im Zuchthaus zuging.
Bettina von Arnim, die »Bettine«, war bekannt für ihre unkonventionelle Art, mit der sie für die unterdrückten Juden und Polen, verfolgte »Demagogen«, die Göttinger Sieben, für den mit dem Tode bedrohten Revolutionär Kinkel eintrat. Sie setzte sich gegen die erstickende Zensur ein und für die Armen und Entrechteten. Im preußischen König Friedrich Wilhelm IV., der anfangs als liberal galt, wollte sie den »Volkskönig« sehen und ihn zu sozialen Reformen anstacheln. 1843 veröffentlichte sie »Dies Buch gehört dem König«, in dem sie mit »der Erinnerung abgelauschten Gesprächen und Erzählungen« versuchte, ihre Wünsche und Hoffnungen dem Herrscher einzuflüstern. Als »Beilage« des ersten Bandes erschienen die »Erfahrungen eines jungen Schweizers im Vogtlande«, eine soziologische Studie über jene »Mücken«: »Kreuzweis wird durch die Stube ein Seil gespannt, in jeder Ecke haust eine Familie, wo die Seile sich kreuzen, steht ein Bett für den noch Ärmeren, den sie gemeinschaftlich pflegen … Wenn diese Leute nur zweimal essen im Tage, so beläuft sich die monatliche Ausgabe (2 Th. Miete eingerechnet) auf 7 Th. 15 Sgr., während die Einnahme im günstigsten Falle nur 6 Th. 10 Sgr. beträgt.« Im Querhause Gartenstr. 92 a, Stube Nr. 9 wohnt die Tischlerfamilie Gellert: Frau und Schwieger-

mutter krank, der Mann seit 14 Tagen ohne Arbeit, jetzt unterwegs »Brot zu suchen«, keinerlei Unterstützung. Nr. 92 b, Keller: eine Witwe, ernährt sich mit Spulen, oft keine Arbeit, 2 Kinder; bei ihr wohnt die Schwester, Witwe, deren Mann Soldat gewesen. Nr.92 a, Stube 53: der Mann ist 82, die Frau 79 Jahre alt, die beiden Söhne sind in den Befreiungskriegen gefallen. Er hat einen Schlaganfall, sie geschwollene Beine, die Armendirektion bezahlt Miete, sonst nur Unterstützung durch die armen Nachbarn. Die Gartenstraße 42 gilt als besonders gefährlich, doch niemand belästigt den Besucher: »Ich schämte mich, einen starken Stock als Verteidigungswaffe mitgenommen zu haben.« Dort: Ein Weber »ist 58 Jahre alt, seit Mitte November vorigen Jahres ohne Arbeit. Hausgeräte und Kleider sind verkauft. Die Kinder sind vor Hunger blaß«. So geht es seitenlang.

Immer noch liest man, Bettine habe diese Besuche mit dem Knüppel in der Hand selbst gemacht. Sie hatte jedoch die Studie angeregt und dem Schweizer Studenten Grunholzer für 50 Taler abgekauft. Ihr Buch machte großes Aufsehen, und wenn es auch an den Zuständen im Vogtland nichts ändern konnte, schärfte es das Gefühl für die Armen, wie sie vegetierten und warum. Die berüchtigten »Familienhäuser« wurden erst in den achtziger Jahren des vorigen Jahrhunderts abgerissen, um neuen Mietskasernen Platz zu machen.

Bettine blieb weiter rebellisch: schon 1844 setzte sie einen Aufruf in alle großen Zeitungen, ihr Material über das Elend in Deutschland zu senden. Sie erhielt es, aber der Schlesische Weberaufstand ließ sie von der Publikation des »Armenbuchs« Abstand nehmen, man sprach schon von ihr als Urheberin der Unruhen. Bettina starb nach mehreren Schlaganfällen in ihrer letzten Wohnung In den Zelten 5, nahe der Spree. Begraben ist sie neben ihrem Mann Achim von Arnim im märkischen Wiepersdorf.

Bettina von Arnim (1785–1859) schrieb außer »Dies Buch gehört dem König« (1843) u. a. »Goethes Briefwechsel mit einem Kinde« (1835) sowie den Briefroman »Die Günderode« (1840).

EIN SCHWATZ BEI DEN JUNGFERN

»Notre asile!« rufen erleichtert und betroffen Januar 1686 die Hugenotten, als sie in Berlin anlangen. In den einfachen Schiffen sind sie fast erfroren, krank und bedrückt von Dunkelheit und grauer Enge, wie sich das Asyl darbietet. Zwar hat der Kurfürst sie gerufen und erhofft sich Stärkung seines geschwächten Landes durch die geschickten Franzosen, die Bevölkerung aber ist nicht begeistert. Immerhin stellen die Hugenotten dann mit rund 5.000 Menschen fast ein Viertel der Bevölkerung. Der Schreiber vor dem Schloß bietet die Flüchtlinge wie auf einer Versteigerung aus: Fontane, Ancillon, Gontard, Blanvalet, Dortu, Ravené, auch drei Schwestern Blanchet, die eben ihre Mutter verloren haben. Ihrer nimmt sich in jähem Mitleid Tuchmachermeister Röhnebeck an, der nahe der Heiliggeistkirche wohnt. Das Mißtrauen gegen die fremden Glaubensgenossen bleibt. Sie haben andere, merkwürdige Sitten; so wollen die Schwestern Blanchet, man denke, Vorhänge an ihren Fenstern haben!

Die Refugiés werden immer reger, bald kommen sie wirtschaftlich gut voran. Auch Meister Röhnebeck, der in der Tuchmacherzunft etwas zu sagen hat, merkt bald schmerzlich, daß ihm große Konkurrenz erwächst. Die französische Feinweberei ist dem hiesigen Handwerk überlegen, wie das Manufaktursystem, das die Hugenotten betreiben. Man wendet sich erfolglos mit einer Bittschrift an den Kurfürsten, den neuen Einwohnern diese modernen »fabriquen« zu verbieten. Kluge Gesellen wie Röhnebecks Niklas gehen zu dem geschickten Weber Monsieur Mercier.
Auch die Blanchet-Mädchen verlassen das ungastliche Haus Röhnebecks und machen sich mit einer »Budike«, einer Bretterbude, an der Spreegassenbrücke selbständig. Nach Überwindung vieler Widerstände verkaufen sie dort Tücher, Hüte, Seidenhandschuhe. Die drei Fräulein machen gute Geschäfte, denn die Hofleute, die zum Schloß wollen, benutzen die nun vom Volksmund so genannte »Jungfernbrücke«. Sie kaufen nicht nur das hübsche Zeug, sondern halten dort auch ihren Schwatz. Und so wissen die Jungfern Blanchet viele Neuigkeiten, was ihnen dann weitere Kundschaft einbringt. Damit schärfen sie wieder die dumpfe Abneigung der Nachbarn, die halb platt, halb schon berlinisch reden und sich über das »welsche Geschnatter«, das auch die Hofleute sprechen, erregen. Die Budike wird gestürmt und zerstört.
Die Reibereien nehmen zu, die Manufaktur des Monsieur Mercier, auf dem späteren Hausvogteiplatz gelegen, wird von einem Trupp Handwerker unter Führung Röhnebecks verwüstet. Da ziehen die Hugenotten vor

die Tore, in die neue Stadt Friedrichswerder, bauen Häuser bis nahe der Spree in der Letzten Straße, später Dorotheen- und zwischendrin Clara-Zetkin-Straße. Es ist der erste »Zug nach Westen« von mehreren in der Geschichte Berlins. Man lebt unbehelligter in »Villeneuve«, der Neustadt. Die Hugenotten können ihre Sprache sprechen, ihre Sitten pflegen und üben noch lange eigene Gerichtsbarkeit aus. Und es kommt schon zu engeren Verbindungen, ja sogar zu Heiraten zwischen Einheimischen und Neubürgern. Das konfliktreiche Miteinander, das oft von patriotischen Legenden überdeckt wird, harmonisiert sich langsam.
Der Autor Claus Back, 1904 in Altenburg geboren und 1965 in Potsdam gestorben, gibt in seinem Roman »Drei Fräulein an der Jungfernbrücke« viel Fluidum der alten Stadt wieder. Die Jungfernbrücke, wichtiger Ort der Handlung, ist unsere älteste Brücke. Sie wurde Ende des 17. Jahrhunderts erbaut, ihr Name soll von den neun(!) Töchtern der Hugenottenfamilie Blanchet herrühren. Der Autor baute diese Sage zu einem bunten Zeitbild aus. Die Jungfernbrücke wurde im Krieg zerstört und schon 1945 wieder errichtet.

Claus Back (1904–1965) schrieb außer den »Drei Fräulein an der Jungfernbrücke« (1964) historische Romane über Schlüter (1957), Carl Schurz (1962) und Winckelmann (1964).

ALS STUBENMÄDCHEN DURCHS SCHLÜSSELLOCH

»Es ist eine dumme Fabel, daß Hotelstubenmädchen gern durch die Schlüssellöcher schauen«, sie »haben gar kein Interesse an den Leuten, die hinter den Schlüssellöchern wohnen. Hotelstubenmädchen haben viel zu tun, sind angestrengt und müde und alle ein wenig resigniert.« Die das schrieb, mußte es wissen, sie hatte eine Zeitlang als Stubenmädchen gearbeitet und dann einen Roman darüber geschrieben. Mit allem Üblichen und Aufregenden, was in einem Hotel vorhanden ist und vorkommt: eifrigen Pagen, Scheuerfrau und adligem Empfangschef, einem ehemaligen Offizier, deklassiert und resignierter als die Stubenmädchen, einem Portier, der private Nöte nicht zeigen darf, einarmigen »Liftboys«, Kriegsversehrte, als soziales Alibi des »Grand Hotels«, Hoteldetektiv und Musiker der »Eastmen-Jazzband«. Mit Frühstücks-, Konferenz- und Diktierzimmer samt Schreibmaschinen, mit feinen Appartements und schlechten, ungelüfteten Zimmern, mit einem Gelben Salon für den berühmten Tanztee und vor allem mit den Gästen, um die sich das alles dreht und bewegt. Meist kommen sie aus der »Provinz«. Der Gauner und Baron, der sächsische Generaldirektor und sein Hilfsbuchhalter. Der eine hat den Tod im Leibe und will noch einmal »richtig« was erleben, und der Baron chauffiert ihn mit 118 Stundenkilometern über die regennasse Avus, fliegt mit ihm ab Tempelhof über Berlin, schleppt ihn zum Boxkampf am

Funkturm und in eine verschwiegene Spielhölle im Bayerischen Viertel. Der kriegsinvalide Doktor, Morphinist, der sich nicht traut, den »Ausgang« endlich zu wählen, und dies meint nicht die Drehtür des Hotels. Die Ballerina Grusinskaja ist eigentlich auch nur »Provinz«, denn sie ist alt und der Erfolg ihres Gastspiels miserabel. Im Hotelgetriebe kommt es zu Ehebruch und Einbruch, Liebe und Totschlag … Der Volontär Georgi denkt sich am Ende: »Interessant eigentlich. Aber so ist das Leben.« Und zeigt sich so für die Hotelkarriere bestens gerüstet. Vicki Baum, Schriftstellerin und Journalistin, nahm das Hotel »Excelsior« als Vorbild ihrer Story. Das lag in der Straße, deren Namen in der Berliner Geschichte fünfmal wechselte. Als sie noch Hirschelstraße hieß, wohnte hier Fontane und schrieb da den größten Teil seiner »Wanderungen«, dann hieß sie Königgrätzer, und das Hotel »Excelsior« befand sich an der Ecke Anhalterstraße. Es wurde nicht unter »allerersten«, sondern unter »ersten« Ranges eingestuft. 1912 kostete ein Zimmer 3 bis 8 Mark, frühstücken konnte man für 1,25 Mark. 1939, inzwischen Saarlandstraße, hatte das Hotel 750 Betten und das Frühstück für 1,60 Mark. Es war nicht Berlins bekanntestes Hotel, aber das größte – sogar Europas! Das berühmte »Adlon« hatte 400, der »Kaiserhof« 300 und das »Eden« 280 Betten.

Das »Excelsior« besaß als besondere Attraktion einen Tunnel zum gegenüberliegenden – vom Krieg beschädigten und Anfang 1960 gesprengten – Anhalter Bahnhof. Und von dort, aus Halle und Leipzig, Frankfurt/Main, Wien oder Basel, kamen die Gäste und fuhren zufrieden oder geschröpft wieder zurück.

Vicki Baum, eigentlich Musikerin, Harfenistin, kam mit ihrem Mann 1926 nach Berlin und arbeitete als Journalistin bei Ullstein. Der so modern recherchierte und glänzend geschriebene Roman war ein Riesenerfolg, sie dramatisierte ihn auch, im Film spielten Greta Garbo und Joan Crawford. Vicki Baum wollte einen Monat Ferien in den USA machen, blieb aber sieben dort. »Nach meiner Rückkehr, im Herbst 1931, war es mir mit einem Male klar, wohin es mit Deutschland ging, und ich faßte einen spontanen Entschluß, packte meine beiden Söhne und emigrierte nach den Vereinigten Staaten«, berichtete sie rückblickend 1950.

Als sie im Hotel »Excelsior« arbeitete und am Roman schrieb, wohnte sie in der Koenigsallee 45–47: in »einem ausgebauten Dienstbotengeschoß einer prächtigen palastartigen Villa mit Garten, Privatsee und einem lecken alten Ruderkahn«. Auf diesem Seegrundstück lebte zu dieser Zeit auch Ernst Toller in einem kleinen Gartenhaus, das ihm Freunde überlassen hatten.

Der seinen früheren Bewohnern besonders aufmerksame Bezirk Wilmersdorf hat in der Koenigsallee 45 mit einer Gedenktafel daran erinnert, daß Vicki Baum in dem früher hier stehenden Haus von 1926–1931 wohnte. »Die glücklichsten, interessantesten und fruchtbarsten Jahre meines Lebens«, wie sie in ihren Erinnerungen schrieb. 1960 starb sie in Hollywood.

Vicki Baum (1888–1960) schrieb außer dem Roman »Menschen im Hotel« (1929) u. a. »Die Karriere der Doris Hart« (1936), »Marion« (1951), die Autobiographie »Es war alles ganz anders« (1962).

MAL NETT, MAL NÖLIG

1908 wurde nach Angaben von Frau Minna (Mink) Beckmann in Hermsdorf, am nördlichsten Zipfel Berlins, ein Haus gebaut. Das sollte nicht allein der jungen Familie Platz bieten, sondern vor allem dem damals 25jährigen Maler Max Beckmann als Arbeitsstätte dienen. Deshalb wurde ein Würfelbau errichtet, in dessen erstem Stock sich ein sehr großes Atelier befand.

In diesem Haus, Ringstraße 8 – einsam, am äußersten Ende von Hermsdorf, erst nach Jahren wurde ein Feinkostgeschäft an der Straßenecke eröffnet –, lebte und arbeitete Max Beckmann 1908/09 und führte, wie meist, ein Tagebuch, »Leben in Berlin«.

Beckmann nahm vieles in Angriff, bedeutende Werke wie die Gemälde »Auferstehung«, »Drei Frauen im Atelier« entstanden. Doch das tägliche Allerlei verschont auch den Künstler nicht, und Beckmann notiert, wie er um eine Hypothek verhandelt, nach Berlin »wegen der Steuer« fährt, und er findet die Geldgier der Modelle unverschämt.

Ausgerechnet am Silvestertag 1909 will der Ofen bei minus 18 Grad nicht anbrennen, erst gegen vier Uhr nachmittags kann ihn Max Beckmann in Gang setzen. Dem in seine Arbeit verbissenen Maler entgehen aber dennoch nicht die kleinen Freuden, er notiert genossene Leckerbissen: »ausgezeichnete Leberwurst und Gansbrust« oder »schöne Pfahlmuscheln«.

Beckmann freut der große Wald vor der Tür, und mit

Frau und kleinem Sohn Peter ist er oft unterwegs, nach Tegel hinüber oder zu Fuß nach Schulzendorf und wieder zurück.

Auffällig oft benutzt der zurückhaltende und kantige Mann das Wort »nett«, so als wollte er Freundliches ohne Aufwand mit dem allgemeinsten Ausdruck benennen; und eine leichte, heitere Plauderei wird als »Genöle«, manchmal auch als »unangenehmes Genöl« erwähnt. Er benutzt immer wieder diesen Berlinischen Ausdruck, obwohl er ja geborener Sachse, Leipziger, war.

Beckmann hat von sich gesagt, ihm fehle die Gabe für »schöne und schwungvolle Worte«, und »es ist bequemer für mich zu zeichnen als zu reden«. Doch wenn er im Tagebuch über seine Arbeit nachdenkt und berichtet, ist er sehr präzise und treffend: So am 10.1.1909: »Machte den Entwurf zu einer Scene aus der Friedrichstr., die ich gestern ... bemerkt und von der mir ähnliches schon lange vorgeschwebt hat. Männer die sich nach ein paar Dirnen im Gehen umdrehen. Die Frauen drehen sich ebenfalls nach ihnen um ... Möchte gern etwas von dem Zucken, dem magnetischen Zusammenreißen der Geschlechter hineinbringen: etwas was mich gerade auf der Straße immer wieder mit Bewunderung über diese immense Pracht der Natur erfüllt.« Beckmanns »Szene aus der Friedrichstraße«, 1909, Feder und Kreide, laviert, läßt uns genau jenes »Zucken« spüren, das der Maler hineinbringen wollte.

Wie sehr Beckmann auch den stillen Ort Hermsdorf genoß, Berlin blieb ihm stets wichtiger; denn er hatte das »Bedürfnis, unter den Menschen zu bleiben. In der Stadt.« Ihnen widmete er seine graphischen Zyklen, Bil-

der des modernen Großstadtlebens, ohne Sentimentalität, die er haßte, grotesk oft, kritisch, manchmal komisch, manchmal grausam. Vieles liebte er an Berlin, manches stieß ihn ab: »Schön ist das immer, der Weg vom Kaiser Friedrich Museum über das Schloß und die Linden, wenn nur der verfluchte Dom und das widerwärtige Kaiser-Denkmal nicht wären. Ich empfinde es jedesmal als eine Schmach.« (13.1.1909)
Beckmann verließ 1937 Berlin, an dem Tage, als die Nazis die Ausstellung »Entartete Kunst« eröffneten und viele seiner Arbeiten beschlagnahmt wurden, und emigrierte nach Amsterdam. Das Würfelhaus steht noch immer, mit einer Gedenktafel und einem Max-Beckmann-Platz hält Hermsdorf die Erinnerung an den großen Maler wach.

Max Beckmann (1884-1950) schrieb außer »Leben in Berlin. Tagebuch 1908/09« u. a. »Briefe im Kriege« (1916), »Tagebücher 1940-1950«. In Berlin sind ständig in der Neuen Berliner Nationalgalerie Bilder des Malers ausgestellt.

STADTTEIL CHARLOTTENGRAD

1922: »Es riecht es nach Rußland« in Berlin, man »trifft hier ganz Moskau und ganz Piter« (Petersburg), begegnet man einem Bekannten an der Gedächtniskirche, sagt er: »Pilnjak, Pasternak, Majakowski – alle hier!« Man hat es wohl ironisch gemeint, wenn da Charlottenburg in »Charlottengrad« umgetauft wurde, obwohl das Zentrum des russischen Lebens in den Zwanzigern in Wilmersdorf lag: Die Russen wohnten gern in der Pension am Prager Platz 4 a bei der duldsamen Wirtin Frau

Marzahn, 1927 z. B. für 10 bis 14 Mark pro Tag und bei gutem Essen. Und man traf sich im Café »Prager Diele« von Herrn Königfest. Es waren dort Marina Zwetajewa, Wladimir Pozner, Pasternak, Jessenin, Majakowski zu finden. Ehrenburg, ein Stammgast, hat sogar den Weg dahin beschrieben: »Straßenbahn 57, 91, Untergrundbahn-Haltestelle ›Hohenzollernplatz‹«. Das Café ging 1928 pleite.

Andrej Bely, eigentlich Boris Bugajew, dem es in Berlin so sehr »nach Rußland roch«, Symbolist, Anthroposoph, Lyriker, Romancier, Essayist, lebte hier seit 1921; im Oktober 1923 verließ er die Stadt, um nach Moskau zurückzukehren. Er wohnte anfangs Passauer Straße/Ecke Wittenbergplatz, »gegenüber vom berühmten KADE-WE«, das Bely in seinem Berlin-Buch deutsch schrieb. In dessen Schaufenstern standen »Wachsschönheiten«, drinnen sah er »schicke Verkäufer und Verkäuferinnen« diensteifrig die wunderbaren Waren ausbreiten. In der Kleist- und Martin-Luther-Straße hörte er das werbende Geflüster der Dirnen, und es tröstete ihn nur: »Morgens ist hier Markt«, der sich bis heute auf der Nordseite des Wittenbergplatzes gehalten hat.

»Wenn man aus dem ›erklärt wahnsinnigen‹ Sowjetrußland hierherkommt, atmet man zunächst auf … alles ist klar, nüchtern, verständlich, zivilisiert, organisiert.« Doch dieser Irrtum klärte sich für Bely rasch auf: Pedanterie, kleinliche Nüchternheit, »organisierter Wahnsinn, Fieberphantasien und Widerwärtigkeit – darein zerfällt Berlin«. Die Stadt ist ihm »ein organisierter, systematisch realisierter Alptraum, dargeboten in der unschuldigen Form des normalen gesunden (bourgeoisen) Menschenverstands«. Gern ging er in ein »kleines, düsteres Bierlokal«, das ihm bald sein Geheimnis enthüllte: das »mattgraue Dickerchen« war in Wahrheit ein feinsinniger Philosoph und Anarchist; andere Trinker zeigten sich als Verehrer des deutschen Dichters Liliencron und des Komponisten Robert Schumann; eine »ramponierte beleibte Dame« entpuppte sich als Malerin. So fand Bely in dieser Kneipe »die Erben der großen Kultur«. Einer erzählte ihm, daß man überaus fürsorglich ist: So sehr er sich auch betrunken hatte, immer brachte ihn wer nach Hause und stets wachte er in seinem Bett auf. Ironische Schlußfolgerung: »Ja, es ist schön, in diesem wundervollen Berlin.«

Als Bely hier lebte, wurde der erste Fridericusfilm mit Otto Gebühr gespielt, kletterte der Dollar von 88 Mark auf 150 Millionen, streikten Kellner, städtische Arbeiter, die Hochbahner, die »Reichsgewerkschaft«, fand ein Autorennen auf der Avus statt, wurde Rathenau erschossen, der Publizist Harden von Attentätern schwer verletzt, die Redakteure der »Roten Fahne« verhaftet, tanzte des »Nacktballett« Nelly Rheydt, gab es 100.000 Verhaftungen und 500 Leichenfunde, wuchs der Konsum von »Koks« (Kokain) stark, demonstrierten Rechtsradikale unterm Hakenkreuz zum Ku'damm und riefen ausländerfeindliche Losungen, wurde das X. Sechstagerennen ausgefahren.

Bely konnte es wohl hier nicht mehr aushalten. Freunde brachten ihn nach Zossen, dessen Name ihm schon häßlich schien, wo er in einem »Ding zwischen Hühnerleiter und Schuppen« hauste. Seine ebenso exzentrische wie zutreffende Schilderung der Stadt findet man im 1987 erschienenen Reclamband »Russen in Berin«; Andrej Bely ist dort mit einem Kapitel aus seinem Berlin-Buch »Eine Wohnung im Schattenreich«, Leningrad 1924, vertreten, das Fritz Mierau übersetzte.

Andrej Bely (1880–1934) schrieb außer »Eine Wohnung im Schattenreich« (1924) u. a. die Romane »Die silberne Taube« (1909), »Petersburg« (1913/14), Moskwa (1926/32), die Memoiren »Zwischen zwei Revolutionen« (1934).

IN DER »MARK-THALLE«

»Wenn es dann aber dämmerte und man müde wurde, sank man tiefer als ein erschöpfter Schwimmer. Endlich trieb man im lauen Strom stummer Kunden dahin, wie die Fische auf die stachligen Riffe glotzten, wo die schwammigen Najaden sich's wohl sein ließen.«
Kein Aquarium wird hier geschildert: ein kleiner sensibler Junge besucht die Markthalle am Magdeburger Platz. Der Platz ist weiter ohne Belang: die Dichterin Marie Luise Kaschnitz erinnert sich seiner als häßlich; Ernst Jünger wohnte gegenüber der Markthalle, die ihn nicht interessierte, oft fuhr er noch abends fort, in den Berliner Norden, um dort zu spazieren.
Für den kleinen Walter Benjamin aber ist dieser Ort voller geheimnisvoller Suggestion. Der Philosoph, Kulturhistoriker, Essayist, der brillante Linksdenker, der sich auf der Flucht vor der Gestapo an der französisch-spanischen Grenze das Leben nahm, war schon als Kind überaus scharfsichtig und hellhörig; selbst den kleinen sprachlichen Unterschied bemerkte er: »Vor allem denke man nicht, daß es Markt-Halle hieß. Nein, man sprach ›Mark-

Thalle‹«. (Im Osten sagte man allerdings »March-Thalle«. Nuancen im Berlinischen gab es selbst zwischen Kreuzberg und Friedrichshain, Schöneberg und Köpenick.)
Nach der Eröffnung der Zentralmarkthalle am Alex 1886, baute man in verschiedenen Stadtteilen 14 Markthallen, mit denen man die offenen Wochenmärkte zu steuern und hygienisch zu kontrollieren suchte. Die Ware wurde dort auf Tischen, Unterlagen oder einfach auf dem Boden ausgebreitet. Nur den Schlächtern war Überdachung erlaubt. In der Markthalle in der Andreasstraße gab es nun Räume für Fleischbeschau, Marktpolizei(!), Verwaltung und amtliche Waage. 20 feste Stände für den Fischhandel, 76 für Fleisch und Wurst, 126 für Gemüse, Butter und anderen Handel. Als Nebenergebnis der Marktmodernisierung beklagte man allerdings das Aussterben der Hökerinnen, jener breitgebauten, maulschnellen und groben Händlerinnen, bei denen grundsätzlich Mamsell oder Madame die Anrede war – wenn sie gut gelaunt waren. Wehe, man rief ihren Unmut hervor, was leicht geschah.
In Benjamins Buch »Beroliniana«, das neben der »Berliner Kindheit« – geschrieben von Anfang der dreißiger Jahre bis 1938 – auch Rundfunkvorträge und Buchbesprechungen enthält, gibt es einen Beitrag über Märkte und ihre Hökerinnen, aber der Autor kommt dann doch zu den »Mark-Thallen« zurück: »Alles ist da anders wie auf Wochenmärkten im Freien.« Wir haben gelesen: Am Ende des Ganges durch die im Sommer kühle und im Winter warme Halle fällt der von Eindrücken überwältigte Junge beinahe in Trance. Jeder, der die Berliner »Mark-Thallen« erlebt hat, fühlte, wenn auch meist nicht

Oranienburger Straße, 1992

mit der Stärke Benjaminscher Eindrucksfähigkeit: Der »urspüngliche Begriff von Einkauf und Verkauf« war hier aufgehoben!

Entgegen oft zu lesenden Behauptungen waren die Markthallen im Krieg nicht zerstört worden, hatten indessen mehr oder weniger gelitten. Auch die am Mageburger Platz öffnete 1945 wieder mit 15 Händlern zwischen Trümmern. Aber wie die Zeit der offenen Märkte mit ihren Hökerinnen, war jetzt die Zeit der Markthallen vorbei. Wirtschaftswunderliche Verkaufskultur, elegante und bequeme Kaufhäuser hier und die Supermächte HO und Konsum dort, wie auch die emsigen Stadtplaner, machten den alten, unmodernen Hallen das Überleben schwer. Aber die Halle VI, die Ackerhalle in der Invalidenstraße, lebt. In den sechziger Jahren restauriert und verschlimmbessert, strahlt sie heute nach erneutem Umbau in ihren schönen gelben Klinkern und läßt durch das Glasdach weiches Licht auf Kohl und Würstchen, Fischsalat und Kräuterkäse fallen. Ist nur eine noble Täuschung, denn eine Supermarktkette hat sich da als Markthalle verkleidet. Mancher von ihnen mag sich noch an diesen oder jenen der 150 Händler erinnern, an Latschen-Otto, Seifen-Tamm oder Herings-Richard etwa, denn in jeder »Mark-Thalle« war man in Familie.

Walter Benjamin (1892–1940) schrieb außer »Berliner Kindheit um Neunzehnhundert« (1938), zahlreiche Aufsätze und Essays und den Aphorismenband »Einbahnstraße« (1928).

DER AUFSTIEG VON SPREEMANN & CO.

Man weiß nicht, ob es Ironie oder Anbetung des knickrigen preußischen Berlins ist. Auf der Kutschfahrt zur Trauung denkt der Bräutigam nur: man müßte mal Seezunge essen! Weil auf dem Spittelmarkt starker Fischgeruch liegt. Oder wenn das Dienstmädchen Lieschen dem Herrn, so der zum Stammtisch schreitet, die Schlüssel in einem Beutelchen reicht, damit das Jackentaschenfutter ja nicht beschädigt wird. Oder der Wunsch des Schöneberger Müllers bei der Siegesparade 1871: »Wenn doch der viele Staub Mehl wäre!« Und beim Sonntagsausflug in den Tiergarten wird im Restaurant nur »dicke Milch mit Zucker« bestellt.
Ist es Antisemitismus oder verschämtes Loblied auf die Revolutionäre von 1848, wenn dem jüdischen »Hühneraugenschneider« Hirschhorn das Messer aus der Hand fällt und er auf die Barrikaden stürmt und dort stirbt, während Spreemann nur Sorge um sein Ladenschild hat? Die Autorin Alice Berend, Schwägerin von Lovis Corinth, war Jüdin, also ist Antisemitismus wohl ausgeschlossen, nicht aber Preußenverehrung.
Erzählt wird die Geschichte von Klaus Spreemann, Sohn eines Hausierers. Er wächst unter der Obhut der »Latrinen-Jule« auf, eines jener armen, meist alten Weiber, die nachts die Latrinen der Stadt räumten. Klaus legt die eisern im Stiefel gesparte Erbschaft das Vaters in einem kleinen Laden am Dönhoffplatz an. Brav, höflich, genau, verkauft er Stoffe.

Zeichen besserer Zeiten sind die Pflasterung des Platzes, große Schaufenster und Gasbeleuchtung, und aus dem devoten Dienstmädchen wird eines Tages Madame Spreemann. Zwei Knaben stellen sich ein. Der stolze Vater denkt froh: Jetzt wird es Spreemann & Co. heißen! Mit Preußen klettert auch sein Geschäft empor. Bei den diversen Kriegen gewinnt der patriotische Spreemann immer: Schwarzer Stoff geht gut für die Trauerkleidung, buntes Zeug ist gefragt, wenn Siegesfahnen wehen.
Die beiden sehr verschiedenen Söhne schlagen ein, sie werden Kaufmann wie Vater, aber sie haben moderne Vorstellungen vom Handel. Am Ende ziehen Spreemanns aus ihrem alten Haus, und es entsteht am Dönhoffplatz das erste Kaufhaus, eine Berliner Sensation. Der Ort paßt: Hier stand einst der berühmte Kaufpalast Tietz und am Potsdamer Platz das noch bekanntere, von Messel erbaute, Kaufhaus Wertheim. Auch die Zeit ist richtig bestimmt, seit 1885 gab es diese Handelsneuerung. Vom Gründerkrach merken die Alten nichts, die Jungen beseitigen unauffällig die Schulden einer geplatzten Eisenbahnaktien-Spekulation.
Klaus Spreemann bleibt noch emsig im Geschäft, Statist, ohne es zu merken. Man ist vor's Potsdamer Tor gezogen, in eine Wohnung mit Balkon, und das alte sparsame Lieschen freut sich, daß sie dort in Zigarrenkisten Schnittlauch und Petersilie züchten kann. Mutter Lieschen stirbt und dann Klaus Spreemann; nach dem letzten Gebet auf dem Kirchhof eilen die Söhne fort, sie müssen zu einer Baubesprechung. »Seufzend sah Hans nach der Uhr und zuckte zusammen. ›Vorwärts, Kutscher‹, rief er heftig.«

Also doch Ironie? Oder wenigstens Verklärung alter, gemütlicher Zeiten? Alice Berend, 1878 in Berlin geboren, lebte hier am Schleswiger Ufer, in der Rankestraße, zuletzt im Hochwildpfad, ehe sie 1935 ins italienische Exil ging, wo sie 1938 starb. Sie kannte sich in Berlin gut aus – bis auf die Medizin »Gorella«, die Spreemann nimmt; es war das bewährte »Kurellasche Brustpulver«, bestehend aus Sennesblättern, Süßholzwurzel, Fenchel und Schwefel; ein Nachkomme jenes Kurella spielte später in der Kunstpolitik der DDR eine große Rolle.
Der Roman »Spreemann & Co.« wurde viel gelesen. Ansonsten hat Berlin seiner vertriebenen Autorin nicht weiter gedacht.

Alice Berend (1878–1938) schrieb außer dem Roman »Spreemann & Co.« u. a. »Frau Hempels Tochter« (1912).

DIE GROSSE FLUT VON 1524 – RETTE SICH, WER KANN!

1931: ein Mann liest mitten im Gewühl der Tauentzienstraße in einer Zeitung. Dabei findet er die Notiz über ein Ereignis des Jahres 1524. Der Mann weiß sofort: Dies wird eine Geschichte! Es ist der Schriftsteller Werner Bergengruen. Geplant sind 100 bis 150 Seiten; die dtv-Taschenbuchausgabe hat 686 Seiten. Begonnen wurde das Buch im Sommer 1931, beendet im Sommer 1940.
Berlin, wir denken oft nicht daran, war die zweite der Städte an der Spree. Gegenüber lag Kölln. Daran erinnern noch Namen wie der des Bezirks Neukölln oder die

Köllnische Heide bei Adlershof. Als die Kurfürsten den Konkurrenz- oder Schwesterstädten die Unabhängigkeit nahmen, preßten sie ein großes Stück Land an der Spree auf Köllner Seite ab und bauten dort ihr Schloß: »Twieng Cölln«, Zwing Kölln – was auch Zwing Berlin bedeutete. Die Städte waren klein, wenige Häuser aus Stein gebaut, Kirchen, Rathaus, Patrizierhäuser, Klöster; die meisten Häuser wurden aus Lehm errichtet und trugen Schilfdächer. Aber bestimmte Plätze, Straßen, Brücken, die wir noch immer mit alten Namen nennen, gab es schon: Die Brüder-, Kloster-, Spandauer Straße, den Mühlendamm. Vom Gertraudenspital in Kölln künden noch die Straße und das Standbild auf der Brücke. Das St. Georgsspital ist verschwunden, es lag vor dem Tore, wo die Wege nach Prenzlau, Landsberg, Frankfurt abzweigten. Vor dem Krieg befand sich etwa an dieser Stelle die Georgenkirche und ihre Straße, beides Opfer von Krieg und Stadtveränderung, ein Rest Georgenkirchstraße ist noch vorhanden. Wo immer man auf Bezeichnungen im Zusammenhang mit St. Georg trifft, kann man sicher sein, daß sich dort das Hospital, man könnte es auch Gefängnis nennen, für die Aussätzigen befand. Die Pest war abgeklungen, der Aussatz, die Lepra, grassierte. Wer befallen war, wurde zerniert, trug schwarze Kleidung und Kapuze, Handschuhe und eine Klapper, durfte niemanden besuchen oder berühren, milde Gaben warf man in einen Eimer.

In Bergengruens Roman »Am Himmel wie auf Erden« haben diese Aussätzigen viel Platz: sie schüren hohnlachend die Furcht der Berliner und Köllner vor der prophezeiten, unmittelbar bevorstehenden neuen Sintflut.

Es ist ihre Art der Rache für Krankheit und Isolierung. Eine weitere große Bevölkerungsgruppe hat für die Doppelstadt Bedeutung: die Wenden. Sie sind arm, abhängig, oft verachtet. »Die Wenden halten häufig mißtrauische Zurückhaltung«, empfindet der Hofastrologe Dr. Carion, der eine wendische Haushälterin, Duschka, hat und sich müht, ihre Sprache zu lernen. Die Wenden, ähnlich den Aussätzigen, fürchten die Flut nicht, sie sind Menschen des Wassers, zu Hause in Sumpf und Röhricht. Das überall einsetzende Trockenlegen der Bäche, Sümpfe, Tümpel und Lanken in den Städten und der Umgebung machen ihnen ihre Unterlegenheit nur deutlicher und verstärken ihren Wunsch nach dem Auftauchen ihres heimlichen Königs. Das Ausbleiben der Sintflut ist als ihre endgültige Besiegung dargestellt. Bergengruen schreibt: »Eine schwermütige Liebe hat mich von jeher zu den schmächtig gewordenen, zum allmählichen Aufgesogenwerden bestimmten Volkssplittern gezogen. So liebe ich die Wenden gleich den Liven, den Zigeunern, den Kaschuben.«

Der Autor hat emsig Quellen studiert, er malt uns ein genaues Panorama der Doppelstadt. Kurfürst Joachim I. in seinem Jähzorn wie in seiner Pflichtauffassung wird zu einer Mischung von Friedrich Wilhelm I. und Friedrich II. idealisiert. Ihn jedoch in eine Art Trance zu versetzen, damit er zwanghaft Schloß und Stadt verläßt, entspricht nicht der Wahrheit. Der Kurfürst floh in Panik auf die Tempelhofer Berge, ließ sich dort bewachen und abschirmen und kehrte abends erleichtert zurück, nachdem sich zwar ironischerweise ein Gewitter entladen hatte, die große Flut indessen ausgeblieben war.

Bergengruen hatte nach mehreren Berlin-Aufenthalten in Zehlendorf, in der Taut-Siedlung Onkel Toms Hütte, Riemeisterstraße 107, ein Heim gefunden. 1936 wurde er aus der Reichsschrifttumskammer ausgeschlossen; die Familie zog nach München und wurde später von Freunden in Tirol verborgen. Nach dem Krieg wohnte Bergengruen nicht mehr in Berlin. Zu seinem 80. Geburtstag erhielt eine Straße in Schlachtensee seinen Namen.

Werner Bergengruen (1892–1964) schrieb außer dem Roman »Am Himmel wie auf Erden« (1940) u. v. a. die Novelle »Die drei Falken« (1936), die Romane »Der letzte Rittmeister« (1952), »Die Rittmeisterin« (1954), »Der dritte Kranz« (1962).

Oranienburger Straße, 1992

LOTHRINGER STRASSE NR. 199

Sie läßt uns nicht los und muß dreißig Jahre nach dem »Rosenemil« immer noch eine turbulente Straße gewesen sein. Der Berliner Blanvaletverlag druckte 1937 die vierte Auflage des Buchs »Krach im Hinterhaus«. Es war fast sprichwörtlich geworden, bei Stunk und Ärger von jenem Krach zu reden.

Und der zieht sich durch das ganze Haus Lothringer 199, wenn er auch im Seitenflügel kulminiert. Vorn: Rechtsanwaltsbüro des Justizrats Dr. Horn, eine Pension »Edelweiß«, die Privatdetektei eines Kriminalkommissars a. D. und die »Königliche Hofopernsängerin a. D.« Stella v. Hohenfels als Gesangslehrerin, dazu eine Bäckerei & Konditorei, deren Geselle Kluge zum Meister und Hauswirt aufsteigt.

Im Hinterhaus hingegen riecht es penetrant nach Kohl, dort gibt es oft Lärm und Streit, plärrende Kinder und freche Halbwüchsige, aber die dort wohnende Plätterin Bock zeigt, wie ehrsam und fleißig man auch hier sein kann. Nur darf niemand wissen, daß ihre Tochter Ilse mit dem jungen Assessor Dr. Horn ein Verhältnis hat. Ilse errötend: »Wenn doch einer dich hat raufkommen sehn?«

Der böse Geist des Hauses, von dem aller Streit ausgeht, der es bis zu Attentat und Gerichtsverhandlung treibt, ist der »Hausbulle« Krüger. So nannte man einen Verwalter, der sich noch höheren Rang im Schikanieren der Mieter einräumte als ein bloßer Portier. Den Typ hat Gerhart

Hauptmann in den »Ratten« mit dem Quaquaro treffend beschrieben; Hauptmanns Mieter hausen Anfang unseres Jahrhunderts in einer abgewrackten friderizianischen Kaserne in der Alexanderstraße, die der Autor kannte. Kurt Tucholsky über Quaquaro: »Er hat das Pack im Zug, stammt er doch aus ihrer Mitte, und weil er einer von ihnen ist, tobt er sich wilder aus, als ein ganzer Stinnes-Konzern imstande wäre ... Das Haus zittert. Er kujoniert alle, denn er weiß auf alle etwas. Sein Wort: Immer anzeijen.«
Krüger ist wohl mit dem verwandt, gern zückt er sein Notizbuch mit dem Bleistiftstummel und »weiß auf alle etwas«. Natürlich gegen die aus dem Vorderhaus hinter dem Rücken und vorsichtig, aber im Hinterhaus herrscht er unumschränkt. Am Ende jedoch ist er der Gelackmeierte, als Dieb »ohne Bewährung« verurteilt, sehr klein »mit Hut«. Ansonsten Verlobung, denn: »ein Mädel aus dem Hinterhaus kann, wenn's drauf ankommt, seinen Mann stehen«, muß der alte Justizrat einsehen.
Maximilian Böttcher aus Berlin NO 18, Werneuchner Straße 16, vierter Stock, kennt das Milieu vom Keller bis zum Boden, schreibt ein beinahe waschechtes Berlinisch, nur die Konflikte muten etwas bejahrt an und sind eigentlich nicht zeitgemäß. Es ist ja die »neue Zeit« angebrochen, in der man auf »Volksgemeinschaft« machte und Zillebabys und dergleichen zivile Kräche nicht wollte. Verfaßt, da möchte man wetten, hat es der emsige Autor vor Beginn der Nazizeit, als Berlinromane mit leichtem Hang ins Kriminelle und Triviale in Mode waren. Ein zusätzlicher Lesespaß aufzupassen, wie krampf-

haft Bezüge zum »Dritten Reich« eingepaßt werden. Da wird aus dem toten Vater der strebsamen Ilse »ein preußischer Soldat«, und sie sinniert: »Vielleicht hab ich auch mehr Blut von Vatern in meinen Adern.« Mutter Bock fügt hinzu: »Hast wohl von der Rassenforschung gehört.« So kann Böttcher wieder ein braunes Plus abhaken. Damit er auch ganz sicher geht, läßt der Autor gegen Schluß die Plätterin verkünden: »Weißt du auf der Welt Leute, die deutscher sind als die Berlinerin?«

Der Anstrich bleibt insgesamt dünn, es ist kein Haus, aus dem die Hakenkreuzfahnen flattern, und weil die Leser mehr Spaß am Krach im Hinterhaus der Lothringer 199 fanden als an den durchsichtigen Anbiederungsversuchen, schob Böttcher 1940 in einem Winkelverlag einen zweiten Aufguß nach: »Krach im Vorderhaus«, dessen unwichtiger Lärm im Kriegsgetön unterging.

Vom bekannten Berliner Grafiker Barlog mit einem originellen Einband versehen, bleibt dieses Buch über die Lothringer 199 selbst in der Optik eines schwächeren und anpassungsfähigen Autors immer noch ein echtes Stück aus Berlins Mitte.

Maximilian Böttcher schrieb außer den Romanen »Krach im Hinterhaus« (1934) und »Krach im Vorderhaus« (1940) u. a. den Kriminalroman »Schuldig« (1896), die Geschichten »Lachen im Walde« (1940).

GESCHICHTE VON RASENDER EIFERSUCHT

Einer, der es wissen muß, der Biograph Werner Mittenzwei, schreibt: »Das unsentimentale mitleidlose Berlin entsprach Brecht mehr als Augsburg und München«, und Brecht notierte 1922: »Es ist eine graue Stadt, es ist eine gute Stadt.« Er setzte mehrmals an, Berlin zu erobern, aber das spröde Ungeheuer ließ sich nicht so leicht vom jungen Bayern besiegen. Brecht arbeitete zäh an der Aufführung seiner Stücke, schrieb aber auch für Zeitungen und Zeitschriften, für den Berliner Börsen-Courier, die Vossische Zeitung oder Scherls Magazin. Unter diesen Fingerübungen und Experimenten befinden sich einige, die in Berlin handelten. Immer blieb Brecht genau in der Bezeichnung des Ortes, der Atmosphäre: Eine Imbißhalle am Alexanderplatz, ein kurzes Gespräch in der Münzstraße, »Großkampfabend im Sportpalast«, danach sitzen ein paar Leute in »einer Bierquelle in der Potsdamer Straße, Ecke Bülowstraße« zusammen und klönen; eine »längste Reise« wird beschrieben, »von der Untergrundstation Kaiserhof an den Nollendorfplatz«. Die Erzählung »Barbara« wurde im Dortmunder Generalanzeiger 1927 veröffentlicht, und auch hier nennt Brecht die genaue Adresse: Lietzenburger Straße 53. Dort beginnt des Erzählers und seines Freundes Eddi, eines Zweizentnermannes, Autofahrt durchs nächtliche Berlin. Die Geschwindigkeit klettert auf 90, dann 100, ja, bis auf 120 Stundenkilometer! Es ist ein Chrysler mit »Aluminiumkarosserie«, der gab das Mitte der zwanziger

Jahre schon her, wie Brecht, ein Autofan, genau weiß. Sie rasen den Ku'damm entlang, über die immer noch imposante Halenseer Brücke hinaus. Die Ursache der wilden Fahrt ist jene Barbara des Titels, und die jagende Wut des »Fettkloßes« rührt natürlich aus Eifersucht her. In ihrer Wohnung in der Lietzenburger trafen sie das liebe Kind im Pyjama an und in einer »wichtigen Unterredung mit einem Kabarettdirektor«. Für Eddi sind die Frauen jetzt leichtes Zeug, »Rabitzwände«. »In das Wort ›Rabitzwände‹, auf Frauen angewandt, verbiß er sich direkt.«

Auch damit hat Brecht nebenbei einen Hinweis auf Berlin gegeben, denn hier wurde diese Wand von Herrn Rabitz erfunden und oft verbaut: eine Drahtputzwand, ein Drahtnetz, auf das Kalk, Gips, Leim aufgetragen wurde. Die Rabitzwand war leicht und feuersicher. Dem Erzähler wird immer mulmiger, denn nachts, »zwischen Wannsee, Potsdam, Grunewald usw.«, schießt die »tollgewordene Fettkugel« hemmungslos über Weg und Steg. Sie rasen einen waldigen Abhang hinunter und fuhrwerken über eine Wiese. »Unten bekam Eddi die Straße wieder in Sicht und konnte seinen Wagen schnell wieder auf ein Tempo bringen, das seiner Verzweiflung angemessen war.« Die Raserei endet von selbst, im Benzinbehälter – heute sagt man Tank – und in seiner Kanne – heute Kanister – ist kein Tropfen mehr! Gebrochen setzt sich Eddi aufs Trittbrett seines Wagens, das inzwischen bei Autos aus der Mode gekommen ist. Am Morgen sieht man zwei Männer, die einen Chrysler schieben, vom Dicken hört man »ein kindliches und fröhliches Lachen«. Als Brecht im Februar 1920 zum erstenmal nach Berlin

kam, wohnte er bei einem Freund in der Eislebener Straße, später in der Spichernstraße 15. »Ich freue mich auf Berlin und die Spichernstraße«, schrieb er 1924 an Helene Weigel. Die hatte die Wohnung gemietet: »Man mußte 4 beschwerliche Etagen hinaufsteigen, dann über ein schmales Brett hinwegjonglieren, sich durch einen dunklen Raum hindurchtappen und eine schwere Eisentür aufstoßen, bevor man in Brechts Behausung stand. Es war eine Atelierwohnung.«
Brecht verließ im Februar 1933 Berlin, blieb aber in der Nähe Deutschlands, weil er anfangs hoffte, der Hitlerspuk wäre bald vorüber. Erst 1948 kehrte er mit tschechoslowakischem Paß via Prag zurück, die Einreise über die Westzonen war ihm verweigert worden. Brecht und Helene Weigel lebten anfangs in Weißensee, dann im legendären Haus in der Chausseestraße 125.

Bertolt Brecht (1898–1956) schrieb außer der Erzählung »Barbara«, seinen vielen Gedichten, Balladen und Stücken z. B. die Erzählungen »Der verwundete Sokrates« (1949), »Kalendergeschichten« (1949), die »Geschichten vom Herrn Keuner« (1930/56). Die Brecht-Biographie von Werner Mittenzwei trägt den Titel »Das Leben des Bertolt Brecht oder Der Umgang mit den Welträtseln« (1986).

BRECHTS TEUFLISCHE ANSICHTEN

Auch der schüchterne, naive 23jährige Student Elias Canetti wurde im Sommer 1928 nach Berlin verschlagen. Obwohl er von Wien kam, fand er sich wie aus einer Provinzstadt hergeweht. Berlin, das die Menschen rasch verbrauchte, bestürzte ihn. Wer hier leben wollte, bemerkte er bald, mußte sich eine dicke Haut wachsen lassen. Canetti war »wehrlos dem Sündenbabel ausgeliefert ... Es war alles erlaubt, es gab keine Intimität ... Als mürbes Stück Fleisch, so ging man in Berlin herum.« Sein Glück war, daß sich Wieland Herzfelde seiner annahm und ihn schon nach wenigen Tagen stets als »Freund und Mitarbeiter« vorstellte, was ihm viele Türen öffnete. Er gab Canetti auch in seiner Wohnung Kurfüstendamm 76 Arbeits- und Schlafraum.

»Da war ich also in Berlin, ich ging keine zehn Schritte, ohne jemandem zu begegnen, der berühmt war«, und Herzfelde, der alle und jeden kannte, machte Canetti mit allen bekannt. Eine der folgenreichsten Begegnungen war die mit Bert Brecht. Der hatte offenbar seine Freude, den idealischen jungen Dichter zu provozieren. »Das erste, was mir an Brecht auffiel, war die Verkleidung« als Proletarier. Canetti erklärte Brecht ständig, daß man beim Schreiben nicht an so Profanes wie Geld denken dürfe. »Ich schreibe nur für Geld!« erwiderte Brecht hart. Canetti ließ sich über die Reklamen aus, von denen seiner Meinung nach die Stadt verseucht war. Brecht liebte diese Reklamen, er habe, sagte er, ein Gedicht über Steyr-Autos geschrieben und dafür ein Auto bekommen. Canetti kamen solche Auffassungen vor wie »aus dem Munde des Teufels«. Aber trotz dieser Feindschaft las er die eben erschienene »Hauspostille« und war von Brechts Gedichten so hingerissen, daß er seine eigenen, unveröffentlichten vernichtete. Er verschwieg aber Brecht die Liebe zu dessen Gedichten. Wohltuend für Canetti war die von Herzfelde vermittelte Bekanntschaft mit George Grosz, überwältigt nahm er von ihm als

Geschenk die verbotene Grafikmappe »Ecce homo« entgegen. Canettis Rettung aus dem Jahrmarkt der Eitelkeiten aber war Isaak Babel. Der kam aus Paris und im kleinen, feinen Restaurant Schwannecke in der Rankestraße, wo es von berühmten Theaterleuten, Schriftstellern und Mäzenen nur so wimmelte, sah er ihn. Canetti fiel sofort auf, daß Babel im Unterschied zu sehr vielen nicht affektiert war und sich offensichtlich in dieser Umgebung unbehaglich fühlte. Babel spürte offenbar in dem bescheiden am Ende des Tisches sitzenden jungen Mann eine verwandte Seele. Wenn Isaak Babel das Pfauenhafte der Berühmtheiten zu sehr abstieß, sagte er zu Canetti: »Gehen wir zu Aschinger!« Und sie fuhren in eines aus dem Dutzend dieser billigen Lokale. »Wo Babel mit dem Glanze Berlins konfrontiert war, konnte ich sehen, wie gleichgültig ihn das ließ ... Er sah dafür mit durstigen Augen Unzählige an, die Erbsensuppe löffelten«, die Spezialität bei Aschinger.

Immer dringlicher wurde Canettis Wunsch, sich »aus dieser Welt zu retten«. Nach einem Vierteljahr schlug er alle guten Angebote aus und zog sich ins ruhigere Wien zurück.

Elias Canetti, als Sohn einer spanisch-jüdischen Familie in Bulgarien geboren, wuchs mehrsprachig auf, erlernte als vierte die deutsche Sprache und schrieb dann deutsch. 1938 mußte er beim Anschluß Österreichs an Hitlerdeutschland fliehen und wurde von den Nazis durch Europa getrieben. Sein literarischer Ruhm kam spät, und als er 1981 den Nobelpreis erhielt, war er vielen noch immer wenig bekannt. Canetti starb 1984 als 79jähriger in Zürich. Sein von vielen hymnischen Beschreibungen Berlins der zwanziger Jahre abweichender Bericht findet sich im autobiographischen Essay »Die Fackel im Ohr«.

Ein Satz, der zeigt, wie konsequent Canetti bei aller Zurückhaltung war, bleibt im Gedächtnis: »Wer sich vor der Wirklichkeit drückt, verdient nicht zu leben.«

Elias Canetti (1905–1984) schrieb außer »Die Fackel im Ohr. Lebensgeschichte 1921 bis 1931« u. a. »Komödie der Eitelkeit« (1934), »Masse und Macht« (1960), »Die Provinz des Menschen« (1973), »Der Ohrenzeuge« (1974), die Autobiographie »Die gerettete Zunge. Geschichte einer Jugend« (1977).

Oranienburger Straße (2. Hinterhof), 1991

BERLIN MIT BARACKEN ÜBERZOGEN

Wie sieht 1943 ein abgerissener, hungernder, von Arbeit erschöpfter französischer Zwangsarbeiter den Stadtteil Baumschulenweg? »Ein anständiges Armeleuteviertel, kleine Fabriken, Handwerksbetriebe, unbebautes Land, verrostetes Blech, Schlacke, moderne, triste, klobige Mietskasernen entlang der Köpenicker Landstraße, alle mit einem Fleckchen Grün davor.« Vom S-Bahndamm Baumschulenweg, vor dem großen Sportplatz, erkennt man noch heute das Areal des damals stacheldrahtumzäunten »Barackenlagers Scheiblerstraße«, nur eines der etwa 600 bisher bekannten in der Stadt. Und die Berliner, Chleus genannt? Besonders verhaßt war dem jungen François die Graetz AG – »Metallverarbeitung für Beleuchtungs- und Heizgerät in größter Präzision«. Dort in der Elsenstaße 87-96 muß er wie viele andere hierher Verschleppte unter schwersten Bedingungen Granatzünder herstellen. Die Firma »hat Gewalt über mich, über Leben und Tod, ohne sich die Hände schmutzig machen zu müssen: ein Anruf bei der Gestapo genügt«; und der Herr Müller, der Chef, ist dazu jederzeit bereit. Die Graetz AG war für rabiaten Umgang mit Arbeitern lange bekannt: Schon beim Streik 1903/04 hatte der Herr Kommerzienrat Graetz der Polizei 2.000 Goldmark gestifet, zur Belohnung für Schutz vor Streikbrechern, ein einmaliger Vorgang seinerzeit.

Meister Kubbe dagegen, der die Arbeit einteilt, ist »ein anständiger Kerl, der unauffällig Güte walten läßt«. Und

»Opa, der alte Blödmann«, Bewacher des Trümmerkommandos, zu dem François später kommandiert wird, denkt nur an »Feierabend« und wie er seinen morgens schlaffen Rucksack über Tage füllen kann.
Nur eine alte Frau in der Straßenbahn auf der Köpenicker Landstraße erwähnt der Autor mehrmals liebevoll: Sie hatte den ausgemergelten Jungen weinend stumm angesehen und ihm beim Aussteigen unauffällig ein paar Brotmarken in die Hand gedrückt.
Anfangs hält François seine Arbeitskolleginnen für Deutsche und das Stoffschild OST für eine Dienstmarke, dann begreift er, daß es ein Brandmal ist – und verliebt sich in Maria aus Charkow. Bei Graetz malochen Franzosen, Polen, Holländer, Russinnen für Hitlers Krieg. Am Wochenende treffen sich François und Maria und spazieren im Treptower Park oder durch den Plänterwald, natürlich heimlich. Aber es sind weniger deutsche Polizisten, die sie fürchten: »Viel gefährlicher sind die französischen Milizionäre, finstere Pfadfindervisagen mit Baskenmützen, die zu zweit durch Berlin schieben.«
Der Schriftsteller François Cavanna, sein eigenes Schicksal beschreibend, erkennt auch die Gegensätze unter den Arbeitssklaven selbst: »Der Franzose ist für die Deutschen ein Dreck, der Russe ist für den Franzosen ein Dreck und für den Deutschen der letzte Dreck. Der Pole haßt die Russen, der Deutsche haßt die Polen …«
Wegen Aufsässigkeit und kaum verdeckter Sabotage kommt der Junge in eine Gruppe, die nach Luftangriffen zur Leichenbergung und Trümmerbeseitigung eingesetzt wird. »Ich hab Berlin in Schutt und Asche fallen sehen, Tag für Tag, Tag für Tag … Davon werd ich mich

nie erholen. Der Krieg wird immer in mir sein, immer, solange ich lebe.«
Auch den 20. Juli 1944 erlebt François: Am S-Bahnhof Baumschulenweg sind Maschinengewehre in Stellung gegangen: »Rebellentruppen. Und wir hatten nichts bemerkt und nichts kapiert.«
Zum Kriegsende verschlägt es die Zwangsarbeiter nach Mecklenburg zum Schanzen; bei Stavenhagen verlieren sich François und Maria. Liebe endet im Kriege fast gesetzmäßig tragisch.
Das Buch von François Cavanna »Das Lied der Baba« erschien im Aufbau Verlag 1988 als Lizenzausgabe des Albert Langen Verlages. Die Fabriken in der Elsenstraße sind noch immer imposant, gehören jetzt zu Siemens. Antifa-Treptow versucht, Spuren der verschiedenen Lager zu finden und für die Nachwelt zu sichern.

François Cavanna schrieb »Das Lied der Baba« sowie Erzählungen und arbeitete für die Presse.

VERGEBLICHER VERSUCH, EIN GUTER MENSCH ZU WERDEN

Franz Biberkopf, Zementarbeiter, Möbelträger, ist ein sehr motorischer Typ; er hat 1928 eine mehrjährige Haftstrafe wegen Totschlags – begangen an seiner Braut – abgebüßt, als er in das heimatliche Viertel zurückkommt. Er will ein guter, ruhiger Mensch werden. Biberkopf durchfurcht dazu die Straßen, die er kennt, weiter wagt er sich nicht: Münz-, Hirten-, Dragoner- (heute Max-

Beer-), Gips-, Elsässer (heute Tor-), August-, Linienstraße, die Prenzlauer und Alte Schönhauser in ihrem südlichen Bereich; er treibt über die Plätze: den Rosenthaler, Bülow- (heute Rosa-Luxemburg-Platz), Alexanderplatz. Der Ausflug mit seiner neuen Braut in die Neuköllner Hasenheide ist ein anstrengendes, kühnes Unternehmen. Wenn er nicht umherstreift, sitzt Biberkopf in der Kneipe; hier wird beredet, geworben, beratschlagt, verführt. 3.000 Destillen und Stampen gab es 1928 in Berlin-Mitte, auf 100 Einwohner eine, also fast in jedem Haus.

Doch was er auch unternimmt, wie intensiv er sich bewegt: er bringt es nur zum Zeitungsverkäufer auf dem Alex. Aber »da murksen und murksen sie weiter. In der Königstraße/Ecke Neue Friedrichstraße (heute verschwunden) wollen sie über dem Schuhladen Salamander das Haus abreißen, das Haus daneben brechen sie schon ab. Die Fahrt unter dem Stadtbahnbogen Alex wird enorm schwierig: es werden neue Pfeiler für die Eisenbahnbrücke eingebaut; man kann da heruntersehen in einen schön ausgemauerten Schacht.« Weder der Ausbau der U-Bahn, bei der Biberkopfs Viertel umgepflügt wird, noch der allgemeine Baurausch, der von der dämmernden Krise noch nicht erfaßt ist, benötigt Biberkopfs Hilfe. Vielleicht wäre eine Chance als Mitglied einer gut organisierten Verbecherbande? Aber er ist zu naiv für dieses Geschäft, die einmalige Teilnahme an einem Einbruch kostet ihn einen Arm.

So wird Biberkopf eben »Lude«, kein brutaler Zuhälter etwa, sondern das von der mehr amateuerhaft arbeitenden Mieze liebevoll betreute »Fränzeken«. Endlich hat er es gemütlich und wird ruhig, da bringt man seine Mieze um, er erhält den Hammerschlag des Armenschicksals, von dem er sich nicht mehr erholt. Nach Biberkopfs »Verklärung« als Hilfspförtner »einer mittleren Fabrik« ist nichts mehr von ihm zu berichten.

Alfred Döblins »Berlin Alexanderplatz« erschien als echter Gegenwartsroman 1929 im Berliner S. Fischer Verlag gleich in der 1. bis 10. Auflage.

Döblin hatte mit bester Kenntnis das Viertel gezeichnet, das heute irrtümlich auf das Scheunenviertel reduziert wird; das war viel kleiner, »im engen Umkreis der heutigen Volksbühne« und zwischen 1903-08 eingeebnet und bebaut. Nun hat der Begriff allerdings inzwischen seine negative Bedeutung weitgehend eingebüßt und wird als Charakteristik Neuberliner Szene und Touristenattraktion benutzt.

Döblin kannte das Viertel, seine Leute und ihre Krankheiten genau; denn er war im Berliner Osten aufgewachsen: in der verschwundenen Marsiliusstraße, die Blumenstraße und Große Frankfurter verband, in der ebenfalls im Stadtplan gelöschten Markusstraße, in der Landsberger Allee, in der Wallner-Theater- und Pillauer Straße, dicht an der Warschauer Brücke.

Als Nervenarzt lebte und praktizierte er später im Arbeiterbezirk Friedrichshain – auf 1.665 Bewohner kam ein Arzt, in Wilmersdorf auf 295 einer. Seine Praxis befand sich bis 1931 in der Frankfurter Allee 340, heute der Wohnblock 121-131. Hier schrieb er an seinem »Berlin Alexanderplatz«. Der große Erfolg des Romans wie der Verlust der Kassenpraxis ließen ihn zum Kaiserdamm umziehen. Döblin emigrierte 1933 über Frankreich in die

USA, kam nach dem Krieg zurück, verließ politisch enttäuscht Deutschland wieder, zog 1956 in den Schwarzwald zurück und starb ein Jahr später.
Es ist ein seltener Fall, daß an den Schriftsteller, der gesagt hatte: »Dieses Steinmeer Berlin ist der Mutterboden all meiner Gedanken«, in Marzahn zwischen Ludwig-Renn- und Walter-Felsenstein-Straße mit einer Alfred-Döblin-Straße und in Kreuzberg, in der Nähe der katholischen St. Michaelkirche, mit einem Alfred-Döblin-Platz gleich zweimal erinnert wird.

Alfred Döblin (1878–1957) schrieb außer »Berlin Alexanderplatz« (1929) u. a. »Wallenstein« (1920), »Pardon wird nicht gegeben« (1935), »November 1918« (1937/50), »Hamlet oder Die lange Nacht nimmt ein Ende« (1956), die Autobiographie »Schicksalsreise. Bericht und Erkenntnis« (1949).

VERBOTENE BERLIN-REPORTAGE

»Preußen ist Deutschland, und Berlin Preußen.« Der das über Deutschland und Berlin an Georg Herwegh schrieb, war kein Preußenfreund und kein Berlin-Chauvinist, aber ein aufmerksamer Beobachter seiner Zeit, und seine Reportage über das preußische Berlin machte großes Aufsehen und dem Autor viel Ärger. Das Buch wurde 1847 in 1.500 Exemplaren bei J. Rütten in Frankfurt/Main gedruckt und sofort verboten. Seinen Verfasser nahm man fest und machte ihm einen Prozeß, in dem der Ankläger fünf Stunden daraus vorlas, um zu beweisen, wie gefährlich die Schrift sei. Der Autor hieß

Ernst Dronke und erhielt zwei Jahre Haft für sein Buch »Berlin«.

Dronke hatte viel Zeit am Ort darangesetzt, Material zu sammeln und die Reportage zu schreiben. Sein Streben war, ein umfassendes Bild der Stadt zu vermitteln, also auch dessen, was nur den »oberflächlichen Leser« interessiert, wie Dronke etwas kokett im Vorwort schrieb. Dazu rechnete er den Berliner Witz, der zumeist auf den Straßen lebte, obwohl der berühmte Eckensteher schon fast ausgestorben war und seine Rolle die Droschkenkutscher übernommen hatten und die Fischweiber, deren Witz Dronke zu grob fand.

Am ehesten produzierte ihn die Gassenjugend, »die keckste und ungezogenste in ganz Deutschland«, was kein Tadel sein sollte. Nicht die Schusterjungen, sondern die kleinen Schornsteinfeger, Kinder, die durch die engen Kamine kriechen mußten, hätten eine »Art genialen Humors«, meinte Dronke. Als durchgängig entdeckte er einen Zug der Berliner, der ihnen heute abhanden gekommen scheint: »Die Kritik, das Negieren jeder Autorität, ist, wenn irgend etwas, ein Charakterzug Berlins. Nichts ist ihr ›heilig‹.«

Dronke nannte weitere »Oberflächlichkeiten« wie Speisehäuser und Konditoreien, Kellerlokale der Armen, dort bestanden »die Teller in einer runden Vertiefung des Tisches, Messer und Gabel sind an kleinen Drahtketten ebenfalls am Tisch befestigt«. Er befaßte sich dann mit dem ihm Wichtigen, dem Theater und Kunstleben, der Universität, die in ein »Treibhaus für ihre gehorsamen Staatsprinzipien gemacht« wurde, untersuchte die

 Berliner Parteien, analysierte das liberale Bürgertum wie

Oranienburger Straße, 1995

den »Geldmammonismus«. Dronkes besonderes Interesse, seine Zuneigung, galt den Armen, dem Proletariat. Hier kritisierte er das Wohnungselend, die Not der »Schlafstellen«, brachte Tabellen mit Arbeiter- und Handwerkerlöhnen und nannte jene, dem begünstigten Teil der Bevölkerung gegenüber, den völlig verarmten. Das heutig klingende Fazit: »Die Arbeit ist bei der wachsenden Masse zum Hasardspiel geworden.«

Die größte Wut der Justiz richtete sich gegen die Kapitel, in denen Dronke den Staat, die Polizei, die Gesetze, zusammengefaßt im »Polizeistaat«, behandelte. Er schilderte die Stadtvogtei, wo die Polizeigefangenen in engen, finsteren, überbelegten Löchern leben mußten und die Hausvogtei, wo Untersuchungs- und Kriminalgefangene einsaßen, mit ihren ebenso schlimmen Zellen und der Willkür der Aufsichtsbeamten.

Dronke konnte im Februar 1848 aus der Haft entweichen, nahm aktiv an der Revolution teil und war Redakteur der »Neuen Rheinischen Zeitung«; 1851 floh er nach London, wo er eine Zeitlang als Sekretär für Marx arbeitete.

Als Sohn eines Gymnasialprofessors 1822 in Koblenz geboren, studierter, promovierter Jurist, seit 1843 als Schriftsteller in Berlin, konnte sich Ernst Dronke in der Emigration nicht behaupten, war in ständigen Geldschwierigkeiten und starb 1891 in Liverpool.

Sein für die Geschichte Berlins sehr wichtiges Buch wurde lange totgeschwiegen. Karl Obermann entriß es 1951, stark gekürzt, der Vergessenheit; 1974 erschien ein vollständiger Text, von Rainer Nitsche sorgfältig kommentiert.

Eine Eichhornstraße, genannt nach dem Kultusminister, dessen reaktionäres Wirken im Buch geschildert wird, gibt es; eine Straße nach Dronke, dem Berlin-Chronisten benannt, nicht.

Ernst Dronke (1822–1891) schrieb außer »Berlin« (1846) u. a. »Armensünderstimmen« (1845/46), »Die Maikönigin« (1846), »Aus dem Volke« (1846).

HALALI ÜBERM POTSDAMER PLATZ

Leipziger Straße um 1910. Keine Stille, kein leises Pferdegetrappel einer vorüberziehenden Kutsche, kein einsamer Wanderer, sondern: »Auf dem Damm kriechen die Elektrischen ihren hilflosen Schneckengang vom Spittelmarkt zum Potsdamer Platz. Die Droschken jonglieren sich durch ... Die Autos versuchen durchzukommen, und die Chauffeure ärgern sich, daß sie die Motoren alle Augenblicke abstellen müssen, und die Fußgänger wagen mutig ihre Knochen, um die andere Seite der Straße zu erreichen. Ein großes, nie stillstehendes Uhrwerk.« Die Leipziger war damals die verkehrsreichste Straße Berlins. Der Strom flutete vor allem westwärts und drehte sich vom Potsdamer Platz aus in verschiedene Richtungen.

Der begünstigte Ort zog die Kaufhäuser von Tietz, Jandorf und Wertheim an. Und die wieder sorgten für neuen Massenandrang von Einwohnern und Gästen aus der Provinz: Der »Stadtreisende mit dem Besuchszylinder«, der kleine Laufbursche, die Juristen mit ihren eben aufgekommenen »Rechtsanwaltsportefeuilles« (Aktentaschen sagte man später) und Frauen, die einkaufen oder schlendern oder nur gesehen und angesprochen werden wollten.

Am Ende der Straße der Potsdamer Platz. »Zwischen den Torhäuschen, diesen alten Wahrzeichen einer stillen gemütlichen Zeit, ergießt sich die Welle der Großstadt. Abends tänzelt warmes, violettbraunes Licht von den hohen Kandelabern, alles in eine festfrohe, bengalische Stimmung gießend.« Aber dann geschieht Altmodisches und Seltsames. Über den Platz schallt »ein merkwürdiges Getute, wie wenn ein Jäger Halali bläst«. Nach diesem Trompetensignal ist plötzlich der Platz leer. Polizisten sperren ihn an allen Ausfallstraßen ab, um den Passanten das gefahrlose Überqueren zu ermöglichen. Und wieder stößt der »dicke Wachtmeister in der Mitte des Platzes in sein Horn«. Die schnauzbärtigen Schutzleute, die den Platz umsäumen, heben ihre rechte Hand, und alles eilt und springt, das rettende Trottoir zu erreichen. Der Verkehr rollt wieder von allen Seiten los.

Dieser Bericht ist nirgendwo übertrieben. Schon 1904 fuhren über den Potsdamer Platz 22 Straßenbahnen mit 300 Wagen pro Stunde. Dazu kamen 142 Omnibusse, 1.275 Fuhrwerke und mehr als 9.000 Fußgänger passierten den Ort in derselben Zeit. Heute, mittwochs, ist der Tanzabend der Mädchen aus den nahen Konfektionsbetrieben. Nun rennt man zu den Bahnhöfen in der Nähe und fährt nach Halensee, nach Südende, Wilmersdorf, »hinaus zu Lust und Tanz, bis die Beinchen nicht mehr können« und am nächsten Tag der Lagerchef ein paar Anschnauzer verpassen muß, »wegen der falsch aufgeklebten Etiketten«.

Der Autor dieser Reportage war Edmund Edel. Ihn lockte das Straßentreiben, das Getümmel in den Tanzlokalen, Varietés und Theatern, er schrieb über Berlins Cafés, über Mode und den bis heute verschwundenen Typus des Kavaliers seine schmissigen Skizzen.

Der 1863 in Pommern zur Welt Gekommene, zog früh mit den Eltern nach Berlin. Eigentlich zum Kaufmann bestimmt, fühlte er den starken Drang zur Kunst und studierte in München und Paris Malerei. Seit 1892 lebte er als Maler in Berlin und arbeitete als Illustrator und Plakatzeichner und brachte dabei das moderne Pariser Plakat hierher. George Grosz schätzte den Kollegen sehr, aber stärker wurden Edels literarische Interessen; schließlich stand im Adreßbuch neben der Wohnung in der Wilmersdorferer Georg-Wilhelm-Straße 6 nur noch »Schriftsteller«.

Wie im Buch »Neu-Berlin«, aus dem die Blicke auf die Leipziger Straße und den Potsdamer Platz entstammen, hat er in vielen Broschüren, die in den Bibliotheken vergraben sind und wiederentdeckt werden wollen, eine Art bunter Stadtgeschichte geschaffen. Sie reicht von der Jahrhundertwende bis in die zwanziger Jahre. Edmund Edel starb 1934.

Edmund Edel (1863-1934) schrieb »Neu-Berlin« sowie zahlreiche Skizzen und Reportagen.

STRASSEN DER KINDHEIT

Es gibt über die Zeiten eine unendliche Reihe mit Recht und zu Unrecht vergessener Autoren. Arthur Eloesser nennen die Verleger seiner 1987 wieder erschienenen Berliner Skizzen »zu Unrecht vergessen«. Vergessen ist er offenbar, kein neueres Lexikon nennt ihn, nicht einmal im Nebensatz. Im Buchhandel (fast) nichts. Aber es gibt Gründe: wenn die Nachwelt dem Mimen keine Kränze flicht, dann dem Theaterkritiker schon gar nicht; und Eloesser war vor allem das. Sein feinsinniger Thomas-Mann-Essay fand keine Neuauflage, weil er speziell zum 50. Geburtstag verfaßt war und mit dem »Zauberberg« abschloß. Andere Arbeiten, wie die Herausgabe von Schauspieler-Memoiren und der Jugendbriefe von Kainz, hätten neue Aufmerksamkeit verdient.

Von seinen vielen Arbeiten wurde Eloessers »Die Straße meiner Jugend« dem stillen Archiv entrissen und damit eine der schönsten Berlindarstellungen ans Licht geholt. Die Straße nennt Eloesser nicht mit Namen, doch ist sie leicht als der südliche Teil der Prenzlauer zu erkennen, nahe dem alten Berlin, wo der aus Ostpreußen eingewanderte Vater ein »Waren-Commissions-Geschäft« betrieb. Eloesser zeichnet nicht nur erinnerungsselig diese Straße, er analysiert sie geistvoll und registriert gründliche Veränderungen.

Er schrieb anders als viele Flaneurs und Stadtwanderer seiner Zeit: aus seinen scheinbar federleichten Skizzen spricht nicht nur ein scharfer Beobachter, sondern auch ein kritischer Berlin-Philosoph. Eloesser schloß sich dem gängigen Lob nicht an, das der neuen Groß- und Weltstadt pauschal gesungen wurde. »Berlin hat sich durch Abwanderung nach Westen so verschoben, seine ursprüngliche Figur hat sich so verunstaltet, daß man kaum noch weiß, wo man Kopf und Herz suchen soll.« Oder: »Hamburg hat seinen Hafen, London die Docks und den Tower, Paris den Eiffelturm und Notre Dame. Welche sind unsere Wahrzeichen der eigentlichen Stadtgeschichte? Die alten sind abgetragen und die der Zukunft noch nicht aufgerichtet.« Bis heute leidet Berlin an seiner Unausgeglichenheit, und man spürt, daß die »Verunstaltung« eher zu-, denn abnimmt. Berlin blähte sich damals auf und verlor seine Konturen. Mit welchen Konturen, fragt man sich heute, geht die Stadt nun ins nächste Jahrtausend?

Ein Meisterstück zart-ironischer Impressionen ist Eloessers Beschreibung seiner täglichen Fahrt von Charlottenburg – er wohnte jetzt Dahlmannstraße 29, dicht bei der Station – zum Lehrter Bahnhof, – von dort waren es ein paar Schritte zum Lessing-Theater, wo Eloesser als Dramaturg arbeitete. Sie dauerte laut Fahrplan 16 Minuten mit der Dampfbahn. Im Krieg 1914-18 bis zur halben Stunde und mehr, weil der Zug »sich erst zu kommen weigerte, auf der Strecke ein paarmal versagte und vor der Einfahrt immer wieder scheute«. Heute heißt es »Pendelverkehr« oder gar »Schienenersatz« und dauert eben auch entschieden länger, als der Fahrplan vorgibt. Eloesser zeigt, was man in diesen wenigen Minuten im Abteil an Amüsantem, Beinahe-Tragischem, ja, Erotischem erleben kann, wenn man genau hinsieht und

-hört und das Gesehene durchdenkt. Eine Anregung für heutige Berufsfahrer und Besucher, wie man sich die Viertelstunde, die man immer noch mit der S-Bahn von Charlottenburg bis Lehrter Bahnhof braucht, genußvoll nutzbar macht.

Als Jude blieb Eloesser im wilhelminischen Deutschland die Universitätslaufbahn verschlossen. 1899 wurde er in der »Vossischen Zeitung« Theaterkritiker, Nachfolger Paul Schlenthers, des Verehrers Fontanes und Förderers junger Literatur, und setzte dessen Tradition fort. Seit

Tucholskystraße, 1993

1914 war er am Lessing-Theater tätig und arbeitete später wieder als Journalist, z. B. als Rezensent der »Weltbühne«. Eine Zeitlang war er Vorsitzender des Schutzverbands Deutscher Autoren, ihrer Gewerkschaft. Nach 1933 fand er Arbeit bei der »Jüdischen Rundschau« und wurde »einer der Initiatoren des Jüdischen Kulturbun-

des in Berlin, jener lebenswichtigen Selbsthilfeorganisation der Juden in Deutschland«. Arthur Eloesser starb 1938; seine Frau wurde 1942 nach Riga in den Tod deportiert.
Weder eine Tafel am Wohnhaus noch eine Arthur-Eloesser-Straße gibt es für den zu Unrecht vergessenen Schriftsteller, der Berlin »die intelligenteste und arbeitsamste Hauptstadt« genannt hat.

Arthur Eloesser (1870–1938) schrieb außer »Die Straße meiner Jugend« (1919) vor allem theater- und literaturwissenschaftliche Aufsätze und Zeitungsartikel.

»KLABAUTERMANN« VOM PRENZLAUER BERG

Der Stadtbezirk Prenzlauer Berg war weder als literarischer Handlungsort noch als Wohnsitz von Autoren sehr begehrt. Erst als Kultstätte, ähnlich Kreuzberg, wurde er interessant. Um so positiver, wenn Hans Fallada seinen Roman »Jeder stirbt für sich allein« vom Wedding, wo die Vorbilder seiner Helden wohnten, in die Jablonskistraße verlegte. Die war 1906 erbaut worden und benannt nach dem Berliner Domprediger, der von 1660–1741 lebte.
Fallada nennt die Straße im Buch »eine ruhige«; das ist sie, fast untypisch, noch immer, baumbepflanzt, sauber, renovierte glatte Fassaden, altes schönes Straßenpflaster. Einige Häuserlücken, Kriegsreste. Die Nummer 55 fehlt. Hier wohnten zurückgezogen die Quangels des Romans; sie Hausfrau, er ein guter Tischler, »ein trockner unausgiebiger Mann«. Weit vorgreifend berichtet der Autor,

daß dieses Haus von einer Luftmine zerstört wird; er hat also hier Ortsstudien betrieben. Im übrigen ist es für den Roman belanglos, ob das Haus stehengeblieben war, ob die Gestapoakten, die er als Stoff nutzte, »bereinigt« waren und ob die Eheleute Hampel, die wirklichen Widerständler, sich anders verhielten als Falladas literarische Helden.

Die stille Jablonskistraße ist 1940 von Lärm durchtost: Siegesfanfaren, Frankreich hat kapituliert! Und mancher, der bis dahin skeptisch geblieben war, fing an, Hitler doch für den größten Feldherrn zu halten. Die Quangels nicht. Denn sie erhalten mitten im Siegesgeschrei die Mitteilung vom »Heldentod« ihres einzigen Sohnes. Die unpolitischen, in sich zurückgezogenen Leute beginnen auf ihre Weise Widerstand zu leisten: handgeschriebene Karten gegen Hitler und seinen Krieg werden ausgelegt. Sie tun es gemeinsam und gehen sehr geschickt vor, obwohl sie keinerlei konspirative Erfahrung haben. Nichts wird in der Nähe getan, wie anfangs von ihnen geplant, in der Greifswalder etwa, sondern am Alex oder in der Potsdamer Straße und oft noch entfernter.

Aber die Gestapo, die sie unter dem Namen »Klabautermann« in ihren Akten führt, muß die Briefschreiber erwischen, denn ihre einfachen Botschaften wirken. Und sie hat langjährige Erfahrungen, und die Quangels hinterlassen bei aller Vorsicht viele kleine Spuren, wie die Nähe bestimmter Straßenbahnhaltestellen, Zeiten des Auslegens usw. So bauen sie ein Mosaik von Indizien, und das Netz zieht sich zusammen, immer näher kommt man ihnen. Schließlich werden sie gefaßt und hingerichtet.

Sie nehmen nichts von ihrem Widerstand zurück, aber jeder von ihnen beiden stirbt für sich allein!
Auch Fallada, den der Erfolg des ersten Romans über den Widerstand nicht aus Depression und Sucht reißt, stirbt für sich allein am 5. Februar 1947.
Johannes R. Becher sagte auf der Totenfeier: »Du hast dir dein Leben nicht leicht gemacht, teuer ist dir dein Schaffen zu stehen gekommen.« Beigesetzt wurde er auf einem Pankower Friedhof, 1981 umgebettet nach Carwitz im Mecklenburgischen, wo er die schönsten Jahre seines Lebens verbrachte.
Sein Biograph Werner Liersch hatte herausgefunden, wo Hans Fallada verstorben war: in einer während der Nachkriegsnot als Hilfskrankenhaus genutzten Schule. »Fallada hat im Erdgeschoß ein Zimmer für sich.« Längst wird die Schule wieder für ihre Zwecke genutzt. Erst 1993 erhielt die heutige 3. Gesamtschule in der Pankower Blankenburger Straße seinen Namen und eine Gedenktafel. Im Lehrerzimmer hängt eine der drei Totenmasken des Schriftstellers. Keine Straße, kein Platz erinnert die Öffentlichkeit an den Schriftsteller, der als Kind in der Luitpold- und seit 1930 in der Calvinstraße und dann in Neuenhagen gewohnt hatte und der Stadt auch in anderen Büchern seine Reverenz erwies.

Hans Fallada (1893–1947) schrieb außer »Jeder stirbt für sich allein« (1947) u. a. »Kleiner Mann – was nun?« (1932), »Wer einmal aus dem Blechnapf frißt« (1934), »Wolf unter Wölfen« (1937), »Geschichten aus der Murkelei« (1938), »Der Trinker« (1950).

LETZTE FEIER IN DER GRUNEWALD-VILLA

Die jüdischen Oppermanns stammten aus dem Elsaß und »saßen seit urdenklichen Zeiten in Deutschland«. Drei Brüder und eine Schwester lebten in Berlin; Gustav und Martin besaßen eine renommierte Möbelfirma, deren Stammhaus in der Gertraudenstraße lag. Der Bruder Edgar war ein angesehener Arzt. Sie hielten sich für gute Deutsche, die ihr Land liebten und dafür gekämpft und geblutet hatten. Hoch in Ehren wurde ein Dankschreiben des legendären Feldmarschalls Moltke gehalten.

Gustav, der mehr der Kunst lebt als dem Geschäft und eine Lessingbiographie schreibt, feiert am 10.11.32 seinen 50. Geburtstag. Er hat sich in der Grunewaldsiedlung eine schöne, geschmackvoll eingerichtete Villa gebaut. Die Gespräche auf der Familienfeier und später drehen sich um die Krise und um »die Völkischen«, deren braune Truppen die Straßen durchdröhnen. So ganz ernst nehmen sie den hysterischen Hitler nicht. Nur der aus dem Osten stammende Schwager Lavendel, der weiß, wie Pogrome angeheizt werden, warnt: »Unterschätzen Sie den Führer nicht.« Doch erst, als der Neffe von einem Nazi-Lehrer in den Selbstmord getrieben wird und die NSDAP die Macht übernimmt, wird die Zuversicht, es werde so schlimm nicht kommen, erschüttert. Die geliebte Stadt Berlin und ihr »freundliches, vertrautes Gesicht« hat sich »über Nacht zu einer bösartigen Fratze verzerrt«. Verhöhnt, beraubt, vertrieben, treffen sich die Oppermanns in Lugano: »Aber gegen ihre Vernunft hofften sie trotzdem, man wird zurückkehren.« Gustav, die wichtigste Person des Romans, nimmt sich vor: »Er wird 14 Tage bleiben, nicht länger.« Doch die Naziherrschaft dauert an, und Gustav Oppermann entschließt sich, unter falschem Namen nach Deutschland zurückzukehren und Material über Unterdrückung und Folter zu sammeln. Er wird gefaßt und ins KZ geworfen. Alte Beziehungen ermöglichen seine Freilassung. Gustav stirbt an den Folgen der Mißhandlungen im Exil.

Lion Feuchtwanger, der von einer USA-Reise nicht nach Berlin zurückkehrte, entging so den SA-Horden, die aus Rache seine Grunewaldvilla – das genaue Ebenbild der von Gustav Oppermann – verwüsteten. In einer Selbstdarstellung schrieb Feuchtwanger: »Er besaß ein Haus, das einmal konfisziert wurde«, seine Bibliothek, sein Garten, seine Katze, alles wurde »teils zerstört, teils getötet, teils zertreten, teils gestohlen …«

Feuchtwanger hatte 1931 gegen Rat und Einsicht über den aufkommenden Faschismus, diese Villa erworben und ausgebaut und bewohnte sie dann mit seiner Frau nur ein Jahr. 1935 richtete er einen scharfen, sarkastischen »Offenen Brief an den Bewohner meines Hauses Mahlerstraße 8 in Berlin«, den die Nazis dort einquartiert hatten. (Der jüdische Komponist wurde als Namensgeber 1935 eliminiert, bis heute heißt sie Regerstraße.)

Ein Nachklang dieser Zeit ist offenbar die Weigerung der heutigen Besitzer der Villa, dem Bezirk Wilmersdorf die Anbringung einer Gedenktafel zu gestatten. Der Fußweg ist indessen öffentliches Eigentum, und so findet der Spaziergänger dort eine eingelassene Granitplatte zur Erinnerung an den antifaschistischen Schriftsteller. Eine

Lion-Feuchtwanger-Straße existiert in Marzahn; in Gropiusstadt gibt es einen Feuchtwangerweg, aber es ist aus dem Stadtplan nicht abzulesen, ob der Schriftsteller gemeint ist. Feuchtwangers gab es in Berlin ein halbes Dutzend.
Übrigens wechselte der April bis Oktober 1933 geschriebene Roman merkwürdigerweise die Namen: Oppermann zu Oppenheimer, dann wieder Oppermann. Der in Halle/Saale lebende Bruder Feuchtwangers erhielt von einer dortigen Nazigröße Morddrohungen, wenn sein »kerndeutscher Name« Oppermann nicht aus dem Buch verschwinden würde. Um den Bruder nicht zu gefährden, nannte er die Roman-Familie in Oppenheimer um. Nachdem auch der Bruder emigriert war, setzte der Autor den ursprünglichen Namen wieder auf den Titel. Klaus Mann nannte den Roman »die wirkungsvollste, meistgelesenste literarische Darstellung der deutschen Kalamität«.

Lion Feuchtwanger (1884–1958) schrieb außer »Die Geschwister Oppermann« (1933) u. a. »Jud Süß« (1925), »Exil« (1940), »Josephus Trilogie« (1932/42), »Goya« (1951).

HÖLDERLIN IN EINER BERLINER KNEIPE?

Hölderlin in Berlin, eine absurde Vorstellung? Man hat ja landläufig ein falsches Bild von ihm, der groß und breitschultrig war, im Winter, zwei Pistolen im Gürtel, über die unsicheren Berge der Auvergne wanderte. Später hing in seiner Tübinger Stube ein Bild von

Fridericus an der Wand, und er trank gern ein Bier. In einer Berliner Kneipe war er dennoch nie!

Mit Hölderlin gemeinsam hat Raimund, daß er ein Dichter ist. Er ist Mitte Dreißig und als Vertreter einer »aussichtslosen« Zigarettenmarke am Ende. Jetzt ist er in einer Kellerkneipe gelandet und wird Helfer der verwitweten Wirtin. Sie weiß, bei so vielen unsicheren Kunden ist es zu zweit besser. Raimund »weicht keine Minute aus dem Keller«, trägt Schnaps aus, macht Witze, um die Arbeitslosen und Chauffeure, die hier einkehren, munter zu halten. Bei Keilereien wirft er sich ins Getümmel und holt sich Beulen. Der Dichter erhält keinen Lohn, er wartet, hofft, denn hier im Keller ist es die »letzte, verzweifelte Art« zu leben.

Manchmal zitiert er Hölderlin und Vergil, und es kommt vor, daß einer der Gäste antwortet, denn viele haben bessere Zeiten gesehen. Da ist die Wirtin geschmeichelt. Aber Raimund wird nur deprimierter: »Der eine gibt immerzu, die andere nimmt immerzu, als ob es selbstverständlich wäre und alle Tage so weitergehen könne.«

Der Wirtin gefällt das, sie ist eine »abgebrühte Kanaille«. Schließlich kann er nicht mehr; die schlechte Luft, das trostlose Loch: »Eine Frau muß ich endlich haben!« Die Wirtin entgegnet zynisch, sie würde ihm dafür Urlaub geben. Er muß weiter im Winkel neben der Treppe auf einem Matratzenlager schlafen; sie schließt ihr Zimmer ab. Jetzt ist sein Kapital an gutem Willen erschöpft, umsonst hat er wie fünf Dienstboten geschuftet: »Er wartet, bis die handfeste Wirtin dicht neben ihm steht, dann knallt er ihr eine, daß sie die Stufen hinunter lang ins Lokal fliegt.« – Und geht.

Die 1932 diese Erzählung »Hölderlin in einer Berliner Kneipe« schrieb, Marieluise Fleißer, nennt als Ort nur »Berliner Norden«, wahrscheinlich Wedding. Der bevölkerungsreiche Bezirk hatte nach der Luisenstadt die höchste Zahl an Kellerwohnungen und -lokalen und die höchste Arbeitslosenzahl. Und Wirtinnen? Allein 1927 beantragten 44 Frauen, oftmals Witwen, eine Schankgenehmigung.

Marieluise Fleißer lebte von 1929 bis 1932 meist in Berlin. Sie kam aus der schwärzesten Stadt, der »Kaserne« Bayerns dazu, aus Ingolstadt. Anfang der zwanziger Jahre lernte sie Feuchtwanger und Brecht kennen, die ihr halfen; Feuchtwanger väterlich, Brecht auf seine rabiate Weise. Ihr Stück »Die Pioniere in Ingolstadt« verschärfte Brecht und provozierte einen Theaterskandal, den die Fleißer nicht verkraftete, so daß sie nach einem Selbstmordversuch Brecht und Berlin verließ. Sie wurde als »Nestbeschmutzerin« verfemt, die Nazis verbrannten ihre Bücher und belegten sie mit Schreibverbot. Sie wohnte, isoliert und beschimpft bis weit in die Nachkriegszeit, erneut in Ingolstadt, dessen Bürgermeister, schon bei den Nazis in dieser Funktion, die 1957 wieder einziehende Bundeswehr am Stadtrand feierlich begrüßte. Noch zehn Jahre später warnte man Marieluise Fleißer, kein Stück über Ingolstadt mehr zu schreiben. Als ihre Ehe unhaltbar wurde, erwog sie in den fünfziger Jahren, in die DDR zu gehen.

In der Hölderlin-Geschichte hat sie eigene Erfahrungen in Berlin verarbeitet, das Gefühl, ausgenutzt zu werden und nur in Kälte zu leben.

Im Milieu einer Berliner Kellerkneipe war sie wohl nicht

ganz heimisch: Die Wirtin sagt zu Raimund bis zuletzt »Sie«, undenkbar, wo alle geduzt wurden und sich duzten, und daß die Gäste einen »Becher« bestellen, wird kaum geschehen sein, ein » Glas« wäre das wenigste, eher noch eine »Molle«.

Marieluise Fleißer (1901–1974) schrieb außer der Erzählung »Hölderlin in einer Berliner Kneipe« (1932) u. a. den Erzählungsband »Ein Pfund Orangen« (1929), die Stücke »Fegefeuer in Ingolstadt« (1929), »Pioniere in Ingolstadt« (1929), »Der starke Stamm« (1950), den Roman »Mehlreisende Frieda Geier« (1931).

Friedrichstraße, 1992

DIE UNGEWÖHNLICHEN TROCKENWOHNER

»Trockenwohner« sind, von Zille oft gezeichnet, jene Ärmsten, die in die noch neuen feuchten Häuser mietfrei oder für einen geringen Zins einzogen, sie trockenwohnten und sich dabei die Schwindsucht holten. Die verwitwete Frau Majorin von Poggenpuhl mit ihren fünf Kindern, drei jungen Damen und zwei Leutnants, ist so arm, die Pension des knickrigen preußischen Staats für den im Kriege gefallenen Mann so dürftig, daß auch sie Trockenwohner wird. Schon der Familienname läßt Armut ahnen: Poggenpuhl – ein niederdeutsches Wort für Froschpfütze.

Frau Majorin zieht in das eben fertige Eckhaus in der Großgörschenstraße und tröstet sich mit dem Blick auf den Matthäi-Friedhof und die Rückfront eines Hauses der Kulmstraße, mit den riesigen roten und blauen Buchstaben: Schulzes Bonbonfabrik. Die Wohnung ist kärglich klein: zwar mit »guter Stube« und einfenstrigem Wohnzimmer, aber im »Berliner Zimmer«, einem bloßen Durchgang, schlafen Mutter und Töchter, die jüngsten wechselweise auf einem mit Rohr überflochtenen Sofagestell. (In der Großgörschen Nr. 22 a wohnte Friedrich Engels 1893 bei seinem Berlinbesuch mehrere Tage bei den Bebels. Die Straße gefiel ihm; aber das Berliner Zimmer! »Diese in der ganzen Welt unmögliche Herberge der Finsternis«, darin er »kaputt gegangen wäre«.)

Als der lustige, leichtfertige Sohn Leutnant Leo auftaucht, setzt ihm Friederike, das alte Faktotum mit dem

Schlafplatz auf dem Hängeboden, zum Abendbrot vor: »Eine Boulette von gestern Mittag und ein paar eingelegte Heringe mit Dill und Gurkenscheiben. Und dann noch einen Edamer«, der aber »eigentlich nur noch eine rote Schale ist«.

Beinahe rührend, so wollte es der Autor, wie die Poggenpuhls um jeden Preis versuchen, Haltung zu bewahren, und geradezu albern das adelsstolze Getue der ältesten Tochter. Bezeichnend für den hohlen Schein: Die alles zusammenhalten bei den Berliner wie den schlesischen adligen Poggenpuhls, sind die Ehefrauen, geborene Pütter und Bienengräber, bloß Bürgerliche.

Es war bei Fontane längst Kritik an seinem einst so geliebten Adel gereift. Dem späten Freund Friedländer, dem er seine krassesten Meinungen mitteilte, schrieb er: »Mit dem Adel, dem hohen wie dem niederen bin ich fertig ... über den Adel muß hinweggegangen werden.« Und den jovialen General a. D. Poggenpuhl läßt er im Roman sagen: »Wir sind nicht mehr dran!« Was mancher mit blauem Blut bis heute nicht begriffen hat.

Der kleine, 1888 spielende Roman des Abschieds vom Adel ist ein Berlin-Roman, wenn er auch teilweise in Thorn und in Schlesien handelt. Zwar werden Berlinische Ausdrücke des Leutnants von der Schwester gerüffelt, in der Portiersfamilie Nebeling bricht das Berlinische, das Gutmütige wie das Pomadige, indessen voll durch. Als Nebeling den großen Reisekoffer der pauvren Adelsdamen hochschleppt und damit dem Kutscher das Trinkgeld entgeht, ruft der ihm höhnisch nach: »Na, schaden Sie sich man nich!« Und der General drückt nur Fontanes Meinung aus, wenn er sagt: »Ja, diese Berliner,

man mag sie lieben oder hassen, amüsant sind sie ... Und ihnen zuzusehen, ist immer wie ein Schauspiel, denn sie gucken sich immer um, ob sie auch wohl ein Publikum haben, vor dem sich's lohnt, den Vorhang aufzuziehen.«
Der kleine Altersroman ist ein feines Gespinst aus Gesprächen mit wenig Handlung, im Ganzen ein resignierter Blick in die Zukunft der Poggenpuhls wie des Kaiserreichs. Nach erster Ablehnung wegen Adelsschmäh erschien er Ende 1895 im Verlag seines Sohnes Friedrich.
Die Großgörschenstraße ist ruhige Wohngegend noch immer. Nur könnte Frau Majorin nicht mehr ihre Lieblingsausblicke genießen: Die hochgelegene Bahn versperrt die Friedhofssicht, in der Kulmer wird nicht mehr für Bonbons geworben. Letzte alte Häuser stehen noch im Westen der Straße.
Eine Ausgabe des Verlags Das Neue Berlin aus dem Jahre 1953 mit Illustrationen von Max Schwimmer paßt in ihrer Balance zwischen Charme und Ironie genau zum Text.

Theodor Fontane (1819–1898) schrieb außer dem Roman »Die Poggenpuhls« (1896) u. a. »Irrungen und Wirrungen« (1888), »Stine« (1890), »Frau Jenny Treibel« (1892), »Effi Briest« (1895), die autobiographischen Schriften »Meine Kinderjahre« (1894), »Von Zwanzig bis Dreißig« (1898).

BAJUWAREN WILL MAN IN WATTE PACKEN

Der Berliner Flachlandtiroler hatte immer seine stille Sehnsucht nach den Berggipfeln. Als Ludwig Ganghofer mit seinem ersten Stück »Der Herrgottschnitzer« in München gerade noch so durchkam, erlebte er hier einen großen Theatererfolg. Und obwohl er nur von Edelweißkönigen, laufenden Bergen und Waldrausch schrieb, war seine Popularität in Berlin groß, und Neukölln und Steglitz widmeten ihm je eine Straße. Er hat auch, wenn nur kurz, in Berlin gelebt – und über die Stadt geschrieben. Ganghofer kam 1878 studienhalber her und zog zuerst in die Friedrichstraße, wo er bemerkte, daß er in ein Bordell geraten war. Er übersiedelte zur Untermiete in die Charitéstraße 1.

Später hat er im Roman »Die Sünden der Väter« seinen Berlin-Aufenthalt verarbeitet und sich bei den Örtlichkeiten in keine dichterischen Unkosten gestürzt: Da kommt 1879 ein junger Wissenschaftler aufgeregt nach Berlin. Vom Bahnhof fährt er mit der Droschke über den Potsdamer Platz, in die Leipziger, dann durch »die asphaltierte« Wilhelmstraße in die Linden ein, die ihn enttäuschen. Ein Freund hat für ihn ausgerechnet in der Charitéstraße 1 ein Zimmer gemietet. Im Roman wird das dreieckige Haus identisch mit dem Quartier in seiner Autobiographie geschildert. Der Blick auf die Charitébäume, zum Lehrter Bahnhof, wo an der S-Bahn gebaut wird, bis zu den dunklen Wipfeln des Tiergartens fesselt ihn. Allerdings muß das Wasser aus der Pumpe im Hof geholt werden, den sprudelnden Hahn kennt man hier noch nicht. Die Wirtin, bis hin zum Namen ein genaues Portät seiner wirklichen, eröffnet dem Romanhelden: »Sie sollen's jut haben bei mich ... Ich wer Ihnen schon in Watte packen.« Mit dem Obermieter ist sie nicht zufrieden, ein Künstler, »die Haare trägt er wie'n Mächen, bis hier«, und sie fährt dabei über den »reichlichen Umfang ihrer Büste«.

Unser junger Bajuwar sitzt nun offenbar nicht so oft, wie er sollte, in der Staatsbibliothek; es ist die »Kommode« am Bebelplatz, der Bau Unter den Linden öffnet erst 1914. Lieber spaziert er bis nachts durch den Tiergarten, wandert nach Charlottenburg, fährt an die Havelseen. Diese schönen Eindrücke werben ihn »auf Lebenszeit zum treuen Freund der nordischen Kaiserstadt«.

Nun gibt Ganghofer seiner Phantasie Zucker, Zufälle wimmeln wie Ameisen: Unser Bayer trifft einen »guten Kameraden«, die Schauspielerin Martha Kronek aus München, die just in Berlin gastiert und im feinen Hotel de Rome wohnt; Verwicklungen deuten sich sogleich an. Den merkwürdigen Obermieter mit den langen Haaren will unser Mann auch gern kennenlernen und steigt ins höhere Stockwerk; die Wirtin ruft ins Zimmer: »Herr Albert, is eener da, der bei Sie will …« Er ist wie unser Freund ganz zufällig Augsburger, die gemeinsame Heimat bindet sofort, wie die Liebe zur Kunst und die Kunstausübenden dazu. Für Richard Albert ist das der im Hause wohnende Musiklehrer Barka mit seinen drei Töchtern, von denen die jüngste der Abgott Alberts ist – und stirbt.

Barka mußte seine Frau begraben, nun die kleine Tochter; die Wirtin äußert in bestürzender Aktualität: »Ja, ja, det ville Bejraben macht de Taschen noch leerer als det ville Taufen.« Unsere Bayern werden stadtmüde – »Nur Berge will ich sehen!« – und fahren ab. Ihre Bahnreise führt nach München, und dort lösen sich die rätselhaften Ähnlichkeiten, Geheimnisse und Verfehlungen im dickleibigen Roman endlich auf. Autor und Helden stoßen an auf unser »liebes München, auf unsere Heimat und ihre blauen Berge«. Berlin versinkt hinter den Gletschern.

Ein wirklicher Zufall sei abschließend erwähnt: als 1916 Brecht wegen einer kriegsfeindlichen Äußerung vom Augsburger Gymnasium fliegen soll, schnaubt der Direktor, daß schon einer, der Dichter werden wollte, rausgeschmissen wurde: Schüler Ganghofer, dessen Verfehlung allerdings nur naturwissenschaftlicher Art gewesen war.

Ludwig Ganghofer (1855–1920) schrieb außer dem Roman »Die Sünden der Väter« u.a. »Edelweißkönig« (1886), »Schloß Hubertus« (1895), »Das Schweigen im Walde« (1899), »Der Ochsenkrieg« (1914), die Autobiographie »Lebenslauf eines Optimisten« (1909).

DAS PLATINGEBISS DER METROPOLE

Daß ein Deutscher sich in Paris verliebt, ist so selten nicht, der umgekehrte Fall, Franzose in Berlin, kommt kaum vor. Und bei Jean Giraudoux ist es eher eine Haßliebe zu Deutschland und Berlin. Seit seinem ersten Aufenthalt 1906 als Untermieter in Charlottenburg, kehrte der Schriftsteller und Diplomat immer wieder nach Berlin zurück, zuletzt 1935, als er seine berühmte pazifistische Satire »Der trojanische Krieg findet nicht statt« verfaßte. Seine Beobachtungen in Berlin veröffentlichte er in einem Essay »Berlin 1930«, den er zusammen mit Bildern von Chas-Laborde herausgab. Auch in diesem Werk dominiert seine stilistische Ziselierkunst, und manchmal gewinnt die Formulierung die Oberhand. Aber oft kommt Giraudoux zu genauen, scharfsinnigen

Einsichten, und der heutige Leser kann über Berlin auf Neues und Bedenkenswertes stoßen.

Das Berlin von 1930 sah der Schriftsteller so: »Mit seiner gemischten Bevölkerung – man sagt noch heute, alle Berliner kämen aus Breslau –, mit seinen alljährlichen Zuwanderungen«, fand er die urbane Physiognomie gründlich verändert. Was bis heute gilt und für morgen erst recht. »Berlin hat keine Vergangenheit, ist flach.« Dies ist für Giraudoux ein historischer Nachteil, der Kreuzberg, den er zehn Meter hoch einschätzt (in Wahrheit 66 über NN), erscheint ihm lächerlich ungeeignet, die Stadt zu überblicken. Das Ensemble von Paris oder Rom dagegen kann man vom Gipfel eines »heiligen Bergs« in sich aufnehmen. Aber nicht nur der wichtige Berg fehlt dem Autor, mehr noch, »Berlin hat keine heilige Stätte«, wenn man nicht das Kleistgrab am Wannsee dafür nimmt, das aber schon außerhalb der Stadt liegt.

Giraudoux findet aber auch politische Errungenschaften im Nachkriegsberlin. Die Stadt »frißt sich mit einem Gebiß aus Platin in eine Ebene, flacher als spiegelflach, hinein ... Das letzte Roggen- und Kartoffelfeld brandenburgischen Bodens stößt ohne Zwischenraum an die kühnste und eleganteste Modellstadt voller Rhododendron und Geranien.« So lobt er die ihn sehr ansprechenden Arbeiten der Architekten Behrens, Mendelssohn, Poelzig, Taut.

Jean Giraudoux, der selbst ein aktiver Sportler war, läßt sich über Berlins Sportleben und die Möglichkeiten zu Baden und Sonnen beinahe hymnisch aus: »Wasser und Sonne sind zu Grundnahrungsmitteln geworden. Kein Wald, der nicht seine Kolonie von Lichtbädern birgt.

Keiner der zahllosen Seen ... deren Strand nicht großzügiger und bequemer ausgestattet wäre als der Strand von Deauville ... Das Leben in der Weite« zieht die Großstädter hinaus, und die Berliner können diese Sehnsucht befriedigen. Auch in aller Nacktheit, was den Schriftsteller begeistert. Er sieht zwar »selten Schönheit«, aber »des Kattuns, der Wolle und der Seide beraubt, sind alle Körper gezwungen, sich in Stille, Ruhe, Schweigen zu hüllen«. Wenn die Paare nackt zum See gehen, dann »scheinen sie Zwist und Tics hinter sich gelassen zu haben«.

Jahrzehntelang ist dieser Band nicht in Deutsch erschienen. Die darin enthaltenen Berlin-Bilder von Chas-Laborde erinnern an Grosz, mehr noch an Arnold, und diese ungewollte Verwandtschaft spricht nur für einen Berliner Typus, der damals tatsächlich so vorhanden war. Das Berlin-Buch von Jean Giraudoux erschien 1930 in einer Luxusausgabe, eine billigere 1932; 1958 wurde der Essay in einen Sammelband aufgenommen; der Verlag Delphi, Nördlingen, brachte 1987 die erste Übersetzung in einem repräsentativen Band mit den Bildern heraus. Jean Giraudoux, 1882 geboren, starb unter bisher nicht geklärten Umständen, wie es heißt, kurz vor der Befreiung von Paris 1944. In Berlin ist zur Zeit keines seiner vielen Stücke auf dem Spielplan eines Theaters.

Jean Giraudoux (1882–1944) schrieb außer dem Essay »Berlin 1930« u. a. die Dramen »Siegfried« (1928), »Amphitryon 38« (1929), »Kein Krieg in Troja« (1935), »Sodome et Gomorrhe« (1943), den Roman »Bella« (1926).

DER »DOCTOR GÖTH« IN DER STADT

Goethes Verhältnis zu Berlin war nicht eindeutig: er hatte den echten Berliner Zelter zum Duzfreund seines Alters erwählt, aber gerade im Zusammenhang mit ihm soll er Eckermann das berühmte Wort vom Berliner als »verwegenen Menschenschlag« gesagt haben und daß man Haare auf den Zähnen haben müsse, um sich hier über Wasser zu halten. Ein Besucher berichtet 1820, daß Goethe die Berliner so charakterisiert habe: »Das Völkchen besitzt viel Selbstvertrauen, ist mit Witz und Ironie gesegnet und nicht sparsam mit diesen Gaben.« Nur einmal hat Goethe Berlin besucht, spätere Einladungen umging er, obgleich sich hier seine erste Kultgemeinde gebildet hatte und seine Stücke gespielt wurden. Am 19. Mai 1778 wurde in der »Vossischen Zeitung« gemeldet, ein »Dr. Gade« sei angekommen. Es war Goethe, der den inkognito reisenden Großherzog Carl August, der wegen eines bevorstehenden Kriegs sondierte, begleitete. Goethe führte ein lakonisches Tagebuch, so daß man ungefähr weiß, was er in Berlin trieb. Sie erreichten von Potsdam her die Stadt nachmittags, Goethe logierte im Gasthof »Zur Sonne« Unter den Linden. Am nächsten Tag besichtigte er die Porzellanfabrik, das Opernhaus und die »katholische Kirche«, die Hedwigskathedrale. Er ging zu Chodowiecki, dessen Arbeit und Kunstsammlung ihn interessierten. Nachmittags, denn die Vorstellung begann um 17 Uhr, besuchte er das Theater in der Behrenstraße. Hier wurde 1774 der

»Götz« uraufgeführt, diesmal gab man ein unbedeutendes Lustspiel. Für den Vormittag des nächsten Tages, Sonntag, notierte er: »Durch die Stadt.« Berlin hatte sich gerade durch viele Bauten Friedrichs II. verändert und zeigte sich für damalige Verhältnisse einheitlich und vornehm. Dann hörte er sich in der Nikolaikirche den Propst Spalding an, einen Aufklärer und guten Redner. Mittags speiste er an der Tafel des Prinzen Heinrich, jüngerer Bruder Friedrichs, der zehn Jahre zuvor sein Palais Unter den Linden (jetzt Humboldt-Universität) bezogen hatte. Goethe meinte offenbar diese Stunden, als er später beklagte, er habe »die eigenen Lumpenhunde« über ihren König räsonnieren hören. In der kritischen Runde des Prinzen galt der große Friedrich wenig. Nach Tisch wandelte Goethe durch den Tiergarten, er hatte mit der Anlage des Weimarer Parks begonnen und suchte Anregung. Den Abend verbrachte er im Hotel und schrieb an Frau v. Stein. Am Vormittag des Montag besichtigte er das Zeughaus, danach machte er Visiten, auch bei der Dichterin Karschin, die ihn mit einem Vers begrüßt hatte: »Schön guten Morgen, Herr Doctor Göth.« Den nächsten Tag sah er sich auf dem Exerzierfeld nahe dem Brandenburger Tor ein »Maneuvre« an, das war in Preußen gewissermaßen Pflicht.

Da die Tagebuchnotizen knapp sind, bleiben Lücken, und man vermutet, daß er an diesem Dienstag beim Philosophen Moses Mendelssohn anklopfte, dieser ihn aber abwies. Man sollte es mit Heinz Knobloch halten, der in seinem Mendelssohnbuch schrieb, vielleicht sei der Grund ein alltäglicher gewesen, eine Unpäßlichkeit oder ähnliches, und zu spekulieren unsinnig. Andere

Gerüchte melden Goethe im Etablissement der Madame Schubitz, einem Nobelbordell mit »feingebildeten Huren«. Walther Victor, dessen Buch »Goethe in Berlin« die Tage genau verfolgt und kommentiert, meint, diese Behauptung sei aus den Fingern gesogen. Aber Victor teilt auch mit, daß viele feine Herren in die Anstalt der Madame Schubitz gingen, manchmal nur, um eine Flasche Wein zu trinken. Und Goethe wie sein Herzog waren unternehmungslustige junge Männer!
Nach einem weiteren Besuch bei Chodowiecki fuhr man am 20. Mai über Schönhausen nach Tegel. Dort war ein gutes Gasthaus und schöne Aussicht. Von da reiste man via Potsdam zurück nach Weimar.
Berlin hat Goethe seine etwas undurchsichtige Haltung nicht angekreidet: Es gibt einen Goethe-Park und acht(!) nach ihm benannte Straßen in der Stadt.

Johann Wolfgang Goethe (1749–1832) hielt die Berlin-Erlebnisse in Tagebüchern und Briefen fest. Speziell mit »Goethe in Berlin« befaßt sich das Buch von Walther Victor (1955).

BERLIN, DIE MENSCHENFRESSERIN

»Berlin, Stadt des Nordens, Todesstadt ... O, kranke, stinkende Stadt ... Alte Menschenfresserin ...« So führt Ivan Goll in seinen Roman »Sodom Berlin« ein.
Eines Novemberabends 1918 steht Odemar Müller, Thüringer Oberförstersohn, vor einer Litfaßsäule am Potsdamer Platz. Er kommt von der Front, ohne einen Pfennig in der Tasche und erinnert sich an einen Redakteur vom sozialdemokratischen »Vorwärts«.

Müller eilt hin, sich der »Revolution zur Verfügung zu stellen«. In Berlin wird gekämpft, Bankiers lassen sich »nebenbei in die Geheimnisse des Marxismus einweihen«. Ohne gefragt zu werden, soll Odemar Volkskommissar für das Gesundheitswesen werden. Aber »da war eine kinderleichte Revolution in den Sand gesetzt, weil das Proletariat acht Tage nicht auf dem Posten war, hatte es 100 Jahre Freiheit verloren«. Die ihn ernannten und hofierten, wenden sich von Müller ab.

Er wechselt, wie bisher, seine Ansichten wie Hemden: er war gehorsamer Schüler, biersaufender Corpsstudent, Antisemit und guter Soldat gewesen, jetzt wird er vom Spartakisten zum Inflationsspekulanten. Nora Finkelstein, Frau eines wohlhabenden Immobilienmaklers, macht Müller zu ihrem Geliebten, und er erhält vom darob begeisterten Gatten Noras den Titel Dr. Müller. Nora und Odemar beziehen eine Luxussuite im Hotel Adlon und tummeln sich im Bett, in dem Mata Hari mit Prinz Hohenlohe und Graf Eulenburg und Wilhelm II. »und andere berühmte Liebespaare« geschlafen haben.

Dann mietet Odemar eine Zwölf-Zimmer-Wohnung am Ku'damm, gründet die Gesav, die Gesellschaft für allgemeine Verbrüderung, und wirft Anleihepapiere auf den Markt. In der Mitte des Salons, in dem der Aufsichtsratsvorsitzende Dr. Müller empfängt, steht ein Flügel aus Eisenbeton. Illusionen und Ausschweifungen waren in Berlin »wieder auferstanden«. Also wird die Gesav, Verbrüderung vermarktend, ruiniert. Odemar Müller flieht durchs Küchenfenster.

In der Mommsenstraße 133 wird er in einen illegalen Spielsalon gezerrt und macht ungeheuren Gewinn, beraten von Irmelinde, der Tochter des Casinobesitzers, eines Postbeamten im Ruhestand. Der nun reiche Odemar kauft eine Insel in der Adria und wird Prinz. Doch auch die karstige Insel erweist sich als Fehlinvestition, er kehrt zurück. Der »Papierschnee« der Inflation ist zerschmolzen. Nun winkt »Aschinger mit seinen Kapellen aus Würsten, den Bergen vergoldeter Heringe, den Mayonnaiseseen, den Schlagsahnewolken. Er hatte sein Vaterland wiedergefunden.«

Der Roman vom Sodom Berlin, grotesk, satirisch und genau, ist nach Meinung der Kritiker Golls (Selbst-) Abrechnung mit denen, die 1918 »sehr laut ins Leere geschrien« hatten. Und man deutet den 1929 in Französisch geschriebenen Roman, der nie übersetzt war und sein Erscheinen 1985 dem Berliner Rotbuchverlag verdankt, auch als Loslösung Ivan Golls vom Expressionismus.

Der 1891 in den Vogesen geborene Goll – »hat keine Heimat, durch Schicksal Jude, durch Zufall in Frankreich geboren, durch ein Stempelpapier als Deutscher bezeichnet« – war im Ersten Weltkrieg in die Schweiz gegangen, hatte in Berlin gelebt, dann seit 1921 in Paris. 1924 kam er zur Aufführung seines Stücks »Methusalem« nach Berlin und wohnte beim Dramatiker Georg Kaiser in dem noch erhaltenen Haus Luisenplatz 3.

Von 1927–30 lebte Goll mit Unterbrechungen wieder in Berlin, Absender: Charlottenburg, Kurfürstendamm 124, Gartenhaus-Atelier. Die Aussicht von dort auf die Stadt begeisterte Goll, doch das Atelier war schlecht zu heizen, durch zerbrochene Scheiben wirbelte Schnee. Haus und Atelier sind verschwunden, nur die Ahnung bleibt, daß hier am Bahnhof Halensee ein guter Blick auf den

Ku'damm und Umgebung möglich war. Ivan Goll starb 1950 bitterarm in Paris.
»Da ließ der HERR Schwefel und Feuer regnen vom Himmel herab auf Sodom ...« Goll übertrug schon 1929 den alttestamentarischen Untergang auf Berlin, die Stadt »eisigen Wahns«.

Ivan Goll (1891–1950) schrieb Gedichte, Balladen, den Roman »Sodom Berlin« (1929) außerdem »Requiem für die Gefallenen von Europa« (1917), »Der Eiffelturm« (1924), das Drama »Methusalem oder Der ewige Bürger« (1922), den Roman »Der alternde Luzifer« (1934).

Im Café Hackbarth, August-/Ecke Joachimstraße, 1995

WEISSE »MIT MIT« ODER »MIT OHNE«

Wer Anfang der siebziger Jahre des vorigen Jahrhunderts seinen Sonntagsspaziergang zum Dorf Schöneberg machen wollte, blieb oft müde vom langen Fußweg in einem Krug am Wegrand stecken: ein großer Birnbaum, schattige Linden, viel Betrieb versprachen eine solide Wirtschaft und gutes Weißbier. So waren Lemkes, die Wirtsleute, zu bescheidenem Wohlstand gekommen und glücklich – wenn nicht die Magd Anna sich den phlegmatischen Sohne »gekrallt« und ihn entführt hätte. Die Ackerstraße, noch »äußerster« Stadtrand, bietet dem jungen Paar neues Quartier; in der Kellerwohnung einer Verwandten eröffnet Frau Lemke die Kneipe »Zur unterirdischen Tante«. Dank ihrer Energie floriert der Laden, man kann bald in die feinere Gegend, Landsberger Straße 136 a, verziehen, aus dem Keller in eine solide Destille. Hauptgetränk auch hier die »kühle Blonde«, die »Weiße«. Das neue »bayrische Bier«, das Lemkes schon führen müssen, okkupiert den Begriff – bis heute. Aber die »Blonde«, die Weiße, das untergärige Weizenbier, aus Tonkruken eingeschenkt, war seit langem das Lieblingsgetränk der Berliner. Weißbierstuben existierten schon im 17. Jahrhundert.

Die Weiße »mit mit«, also mit »Schuß«, mild und süß oder mit einem »Gilka«-Kümmel oder »mit ohne«.

Aber selbst die unermüdliche Wirtin hätte es kaum weitergebracht, wenn sich nicht die Alten des Enkels wegen versöhnt hätten und so ihr Gartenlokal den Jungen über-

gaben. Die nun ollen Lemkes hatten gespart und außerdem ein wenig an der großen Bodenspekulation um Schöneberg geschnuppert: mit einer feuchten Wiese, die sie sehr günstig verkauften. Das wurde zur Zeit der Schöneberger Millionenbauern sehr beneidet. Die alten Lemkes bauten ein Haus in der Potsdamer Straße und räumten eine Etage den Jungen ein. Und eines Tages hat sich genug Geld angesammelt, die Alten sind brav verstorben und haben gut vererbt, Lemkes werden »Rentiers«. Vom Zug der Zeit getrieben, ziehen sie nach Berlin »W W«, früher für Wildwest, nun für das Allerfeinste: Sie wohnen jetzt Kurfürstendamm. Ihre Kinder heiraten, haben eigene Sorgen, und die so schnell die »ollen« Lemkes gewordenen beschließen, in ihr stilles Haus in der Potsdamer Straße zurückzukehren.
Erdmann Graeser, der Verfasser, spürte, daß diese Familiensaga, genannt »Lemkes sel. Witwe«, nicht einschlagen würde. Es herrschte keine größere Bewegung, keine scharfen Probleme wurden berührt, man durchlebte immerhin zwei Wirtschaftskrisen, von Politik fiel in der Zeit des Sozialistengesetzes kein einziges Wort, 1928 schrieb er in einer Berliner Zeitung: »Ich glaubte nicht an den Erfolg, und nie und nimmer wäre ich zuende gekommen, wenn mir nicht die Figur des ›Onkels Karrel‹ in die Feder gerutscht wäre, der eigentliche Held des Romans.« Dieser Onkel Karl ist tatsächlich der Durchreißer: echte Berliner Type, Großschnauze, Projektemacher, Aufschneider, der stets das Gute will und stets Ärger schafft. Und dazu hat er das, was der Berliner bescheiden als sein goldenes Herz bezeichnet. Man kann ihm nie lange gram sein!

Außerdem gewinnt Graeser den Leser durch das konsequente Berlinern seiner Leute. Da schreibt er für »zu« stets »ßu«, ganz korrekt, weil der echte Berliner bis heute lis(ß)pelt! Oder es steht: »Er hat sich das gemorken.« Agathe Laasch, die das Berlinische als erste wissenschaftlich erforschte, fand heraus, daß sich an die starken Verben gern schwache anschlossen: »jeschumpfen,

Kleine Rosenthaler/Ecke Linienstraße, 1991

injeschonken, jemorken«. Auch inzwischen verschollene Ausdrücke sind bei Graeser zu finden: »Bibi« für Frauen- oder Männerhut, eigentlich ein französisches Kosewort, oder »Kamurke« für ein kleines dunkles Gemach, das in keinem neueren Berliner Wörterverzeichnis auftaucht; man findet nur Kabucht(e), Kabuse, Kabuff. Der als Sohn eines Geheimen Kanzleirates in der Königgrätzer Straße (heutige Stresemannstraße) geborene verbrachte seine Jugendjahre in der Bülowstraße und lebte Mitte der zwanziger Jahre in seiner Villa in der Friedrich-Wilhelm-Straße 34, heute Ahrenshooper Zeile. Er starb 1937. Im Jahr 1976 wurde nach Erdmann Graeser in Zehlendorf ein kleiner Weg benannt.

Erdmann Graeser (1870–1937) schrieb außer dem Roman »Lemkes selige Witwe« (1907) u. a. »Koblanks« (1922), »Koblanks Kinder« (1922), »Spreelore« (1950).

TAGESKINO IM STETTINER BAHNHOF

Was weiß der Leser vom Stettiner Bahnhof? Er hat die Feuilletons von den berühmten Bahnhöfen der Welt gelesen, etwa vom Pariser Gare du nord, doch er weiß nichts von den heimatlichen. Vom Stettiner Bahnhof also! Da existiert noch ein kümmerlicher Rest gelber Backsteine und war doch einer der großen Berliner Eisenbahnpaläste; 1842 erste kleine Station, 1876 großer Neubau, immer wieder durch neue Gleise und Hallen ergänzt.
Von hier fuhr man in die Ferien an die Ostsee und nach Skandinavien. Trotz erheblicher Kriegsschäden wurde 1945 der Bahnbetrieb wieder aufgenommen, aber 1952 für den Personen- und 1962 den Güterverkehr gesperrt, das Bahnhofsgebäude 1965 abgebrochen.
Die Frage nach dem Stettiner Bahnhof hat Walter Hasenclever gestellt. Er besuchte dort 1928 das Tageskino, in großen Bahnhöfen eine beliebte Adresse. Beginn 10 Uhr 30, Parkett 60 Pfennige. Und wer geht so früh ins Kino, fragt Hasenclever, »wer rettet sich um 11 Uhr morgens in

den Scheintod eines Filmromans«? Der Schriftsteller sieht Arbeitslose, Eisenbahnbeamte, Ferienschüler, Straßenmädchen in billiger Seide sitzen, alle, »die das wahre Leben kosten wollen«. Und der enge, dumpfe Raum des Tageskinos ist voll! Als der Film zu Ende ist, verläßt Hasenclever Kino und Stettiner Bahnhof, »halb Festung, halb Gefängnis«. Draußen donnert Berlin und brütet im Mittagsdunst.

Walter Hasenclever wurde 1890 in Aachen als Sohn eines Sanitätsrats geboren und sollte Jura studieren, interessierte sich aber mehr für Literaturgeschichte und schrieb Gedichte und Dramen; im Ersten Weltkrieg wurde er Pazifist und lebte 1925–30 häufig in Berlin, aber auch als Korrespondent einer Berliner Zeitung in Paris.

In Hasenclevers Skizze über das Tageskino im Stettiner Bahnhof steht eine für ihn, der sich als Europäer fühlte und durch viele Länder irrlichterte, kaum erwartete Liebeserklärung an unsere Stadt. Er lebe gern in Paris, doch bekäme er oft plötzlich brennende Sehnsucht nach Berlin: »Ich möchte auf der Brücke in Halensee stehen, die grünen Vorortbäume sehen, den Lindenduft im Grunewald atmen, am Alexanderplatz Zeitungen lesen … nachts nach dem Wannsee rudern, im Wellenbad familiär sein. Ich möchte 50 mal am Tage angerufen werden und keine Nacht schlafen. Schlagt mich tot, ich liebe Berlin!«

1930 zog er in den berühmten Roten Block am Wilmersdorfer Laubenheimer (jetzt Ludwig-Barnay-)Platz, wo das Haus Nr. 3 eine Gedenktafel für ihn trägt. Die Nazis vertrieben Hasenclever, und er zog wieder durch Europa. Ausgerechnet in Frankreich, das er so verehrte,

wurde er Anfang des Krieges als feindlicher Ausländer interniert.
Er kam in das berüchtigte Lager Les Milles. Dort nahm Walter Hasenclever bei Herannahen der Wehrmacht und in der Furcht, an die Gestapo ausgeliefert zu werden, eine Überdosis Schlafmittel. Der dort ebenfalls inhaftierte Lion Feuchtwanger besuchte den Freund in der Krankenbaracke, ein »kahler elender Steinbau, darin roch es entsetzlich«. In einem Sonderverschlag lag der Sterbende. »Er röchelte stark, ein deutscher Arzt sagte, er sei ohne Hoffnung.« Feuchtwanger wußte, daß Hasenclever »sein erniedrigtes Dasein nicht mehr mitmachen wollte«. Er starb am 21.6.1940.
Hasenclever hat der einst populären, nun verschollenen Institution des Tageskinos ein kleines Denkmal gesetzt. Enthalten ist die heiter-ernsthafte Skizze in einem Buch, das noch mehr Entdeckungen enthält, im 1929 erschienenen »Hier schreibt Berlin«, herausgegeben von Herbert Günther.

Walter Hasenclever (1890–1940) schrieb außer der Skizze in der Anthologie »Hier schreibt Berlin« (1929) u. a. expressionistische Gedichte, Dramen »Der politische Dichter« (1919), »Der Sohn« (1914), Komödien und Satiren »Ein besserer Herr« (1926), »Napoleon greift ein« (1929).

KEINE ROSEN AUF DEN WEG GESTREUT

Man schreibt das Jahr 1903; Wilhelm II. hat versprochen: ICH führe euch herrlichen Zeiten entgegen! Berlin dröhnt, glitzert und dreht sich in buntem Kreise. Doch wer an den Rand des Strudels gerät, den schleudert es erbarmungslos ins Aus. So Rosenemil, der so heißt, weil er stets irgendwo eine Knospe abknipst und ansteckt. Ein beredter, freundlicher junger Mann, »schwach«, wie manche ihn nennen. Er hat seine Tasche mit Schauerromanen, die er verkaufen will, verloren und kann sie nicht ersetzen, außerdem ist er als Schlafbursche verschuldet. Da trifft er die Polenliese, ein hübsches, weiches, anständiges Mädchen, das ihn aufnimmt.

Eine zarte Liebesgeschichte! Nur merkt der Leser schnell, Emil später, Polenliese ist eine Hure. Aber sie absolviert ihren Beruf so dezent, daß Emil bei ihr bleibt. Als ihr Zuhälter? Keinesfalls, als Geliebter weiterhin. Er lernt Polenlieses Freunde kennen. In Strehmels Kellerkneipe – »jeden Montag und Freitag Kartoffelpuffer« –, wo man Sozis wählt und das Messer schwingt: Palisadenkarl, Kletterwillem, Radaupaula und ihre ebenso deftigen wie arglosen Freuden. Emil macht einen »Bruch« in der Kommandantenstraße mit; die Männer sind ohne Gefühl des Unrechts; es ist die einzige Art von Arbeit, die ihnen bleibt. Der schwache Emil wird Beute der Brillanten-Berta, einer in die Halbwelt aufgestiegenen Dirne, und Polenliese versucht sich umzubringen. Sie stirbt, Rosenemil will ihr Blumen ans Grab bringen – sie zu verkaufen ist besser.

Das Ganze geschieht in der Lothringer Straße, auch die Lottum- und Christinenstraße sind Schauplätze. Die Lothringer und Elsässer, durch den Rosenthaler Platz getrennt, zogen sich in leichtem Bogen durch das Viertel nordwestlich des Alex. Viele ihrer Häuser stammen noch aus Rosenemils Zeit, geht man durch den Hausflur, kommt man oft auf einen Hof, dessen Enge aus Zilles Zeichnungen bekannt ist. In den Seitenstraßen auffällig viele dreistöckige Häuser, lange vor 1903 erbaut. Zum »Zuhältermilieu« hat man die Lothringer und Umgebung gestempelt.

Theodor Heuß geriet auf Budensuche als Student in die Elsässer und meinte, »in der verwegensten Gegend Berlins« zu sein. Aber der Mann seiner »Schlummermutter« war Arbeiter bei Borsig, und der dichtende Versicherungsbeamte Richard Dehmel wohnte mit seiner Frau Paula drei Jahre lang in der Lothringer 15. Gittel Weiß lebte 22 Jahre dort, sie nennt aus bester Kenntnis die Gegend »vorwiegend von Arbeitern bewohnt«.

Den unsentimentalen Roman von Rosenemil schrieb Georg Hermann 1935 als eine seiner letzte Arbeiten. Er hatte mit vielen Büchern, nur »Jettchen Gebert« oder »Kubinke« seien erwähnt, Berlin gehuldigt. Als Georg Hermann Borchardt in der Heiliggeiststraße in einer verarmten jüdischen Kaufmannsfamilie geboren, kannte er die Stadt genau. Den ersten Weltkrieg lehnte er als Antimilitarist ab und fand seinen Platz »auf dem linken Flügel der Menschheit«. Seine jüdische Herkunft wie seine demokratische Gesinnung gefährdeten ihn 1933, und er emigrierte nach Holland, wo er, produktiv trotz Bedrängung, den »Rosenemil« schrieb. Dort verhaftete den über Siebzigjährigen die Gestapo, verbrachte ihn nach Auschwitz und ermordete ihn im November 1943 in der Gaskammer.

In der DDR wurden viele seiner Werke gedruckt und gern gelesen. Der Verlag Das Neue Berlin beginnt 1996 eine Werkausgabe. Hermanns Wohnung in der Schöne-

berger Stubenrauchstraße zerstörten Bomben. Man richtete 1962 an dieser Stelle einen kleinen Georg-Hermann-Park ein und stellte einen Gedenkstein auf. Ein Neubau reduzierte den Park zum Garten, und der Stein verschwand 1978 zehn Jahre lang zur Restaurierung oder wozu auch immer. 1988 wurde er neu aufgestellt, ist aber schon wieder nicht mehr vorhanden. Man hört, daß man ihn wegen »Vandalismus« weggenommen hat und im Gartenamt aufbewahrt.
Berlin, weder Ost noch West, war imstande, eine Straße nach ihm zu benennen, eine Tafel gibt es an einer seiner Wohnungen in der Kreuznacher Straße, aber offenbar ist man nicht in der Lage, seinen Gedenkstein zu schützen. Als Rosenemil tief im Schlamassel sitzt, tröstet ihn der harte Palisadenkarl: »Änstige dir nicht, wir lassen keenen fallen. Wir nicht.« Berlin könnte von Palisadenkarl lernen!

Georg Hermann (1871–1943) schrieb außer dem Roman »Rosenemil« (1935) u. a. »Jettchen Gebert« (1906), »Henriette Jacoby« (1908), »Kubinke« (1910), »Grenadier Wordelmann« (1930).

DAS GOTTESURTEIL

Hermann Hesse machte die Ausnahme! Um die Jahrhundertwende drängte es viele nach Berlin, Arbeitssuchende, Abenteurer, Industrielle, Künstler. Die Stadt war turbulent, anregend oder abstoßend. Gleichgültig ließ sie keinen, man mußte sie wenigstens gesehen haben. Hesse wollte nicht, er schrieb zwar eine Erzählung »Drei Linden«, die in Berlin spielt, aber um die Zeit ihres Drucks fuhr er, der aus einer schwäbisch-indischen Familie stammte und sich zeitlebens für Indien interessierte, lieber dorthin. Auch später hat er Berlin nie besucht.

Hesses Erzählung beruht auf einer alten Sage von drei außergewöhnlich großen Linden auf dem Heiligengeistkirchhof, die es wirklich dort gegeben hat, wie Reisende noch im 17. Jahrhundert berichteten.

Die Geschichte: Drei Berliner Brüder leben in großer Innigkeit miteinander. Der jüngste, auf dem Wege zu einem Stelldichein, hört in einer finsteren Gasse Wehklagen; er will helfen, findet aber einen Sterbenden, der niedergestochen wurde. Zwei Scharwächter treffen auf ihn, halten ihn für den Mörder und legen ihn in Eisen. Man glaubt, da er den Ermordeten kennt, an eine Eifersuchtstat und will ihn dem Henker übergeben. Da meldet sich erst der eine, dann der andere der Brüder, die vom bösen Schicksal ihres Bruders erfahren haben und von seiner Unschuld überzeugt sind – und zeigen sich ebenfalls als Mörder an. Der Richter, der nicht weiß, wie er sich verhalten soll, geht zum brandenburgischen Kurfürsten Johann Georg und berichtet den Fall. Der Kurfürst entscheidet: »Das ist eine sonderbare und seltene Sache … Darum will ich Gott selber zum Richter über diese drei getreuen Brüder anrufen.« Sie müssen jeder einen Lindenbaum pflanzen, »aber nicht mit den Wurzeln, sondern mit den jungen grünen Kronen ins Erdreich tun«. Wessen Bäumlein zuerst eingeht, ist der Mörder und soll gerichet werden. Aber alle drei Bäume schlagen aus, die Unschuld triumphiert! Die Linden wuchsen fort und wurden besonders groß.

Im 19. Jahrhundert waren längst Kloster und Friedhof geschlossen, der Platz mit Häusern überbaut oder als Wäscheplatz genutzt. Das Kloster zum Heiligen Geist, 1313 zum ersten Mal erwähnt, war einst für Berlin als Hospital und Armenhaus sehr wichtig, auch als Gasthaus für Reisende hatte es seine Bedeutung, denn es war verpflichtet, sie aufzunehmen; noch 1786 unterhielt es 16 alte Männer und 17 Frauen. Es lag hart an der Stadtmauer vor dem Spandauer Tor und nahm einen großen Raum ein.

Von alledem steht in der Spandauerstraße nur noch die Kapelle, ein Backsteinbau auf einem Feldsteinsockel; wahrscheinlich vom Anfang des 14. Jahrhunderts. Um 1900 geriet auch die Kapelle in Gefahr, dem Bauwahn geopfert zu werden. Damalige Denkmalschützer kämpften für ihr Überleben und es gelang, sie einigermaßen sinnvoll in ein neues Hochschulgebäude einzubinden. Dabei wurde ein großer Teil der sakralen Innenausstattung entfernt und an Berliner Dorfkirchen übergeben. Darunter war auch ein Stifterbild der Familie »von der Linde«, was wiederum mit der Sage zusammengeflochten wird: Der Kurfürst – so andere Fassungen – soll die drei Brüder zu Rittern von der Linde geschlagen haben. Das Adreßbuch 1926 wies in der Stadt noch neunmal »von der Linde« auf!

Von den vielen Varianten – Adolf Streckfuß hatte sogar einen feurigen Italiener eingebaut – ist die des Schweizers Hermann Hesse am klarsten erzählt und die schönste.

Man muß also nicht am Ort gewesen sein, um gut über ihn zu schreiben. Hesse wollte offenbar nie die Heiliggeistkapelle sehen, die neben seinen drei Linden stand! Sie ist heute einer der ganz seltenen Zeugen des mittelalterlichen Berlin. Und steht man davor, weiß man, wo einst die Stadt endete und der Weg nach Spandau begann: etwa an der Bahnbrücke.

Hermann Hesse (1877–1962) schrieb außer der Erzählung »Drei Linden« u. a. »Unterm Rad« (1906), »Knulp« (1915), »Der Steppenwolf« (1927), »Narziß und Goldmund« (1930), »Das Glasperlenspiel« (1943).

MUNTERES TREIBEN AUF DEM GENDARMENMARKT

Mit E.T.A. Hoffmann trat Berlin als Thema in die Literatur ein, und weniger als der »Teufel in Berlin« war bei ihm nicht zu haben. Königstraße/Ecke Spandauer, Tiergarten mit seinem großen Bassin, die Weinstuben auf dem Alexanderplatz, Mohren-, Jäger-, Jerusalemer, Charlotten-, Friedrichstraße. Unter den Linden 9, ein unheimliches Haus mit zugehängten Fenstern, das sich als Magazin der Konditorei Fuchs erweist, die auch Heine besucht und gerühmt hat. Zehlendorf, in dem ein Ausreißer umkehrt – alles Berliner Orte, die uns Heutigen noch etwas bedeuten.
In einer seiner letzten Geschichten, in der er sich an »Des Vetters Eckfenster« sieht, gelähmt, von einem groben Helfer »aus dem Bett in den Lehnstuhl und aus dem Lehnstuhl ins Bett geschrotet«, blickt er mit dem Fernglas in das Marktgewimmel auf dem Gendarmenmarkt hinab und zieht aus jeder Beobachtung eine

Geschichte: Die Frau mit dem zitronengelben Tuch um den Kopf ist ihm die Gattin eines aus Frankreich eingewanderten reichgewordenen Fabrikanten; ein Frauenzimmer mit spitzen Ellenbogen erscheint als »rabiate Hausfrau«, Tochter eines wohlhabenden Seifensieders, die ihrem Manne ein strenges Regiment beschert; zwei Hökerinnen dicht am Theater hecken eine »derbe faustdicke Verleumdung« aus und belohnen sich mit einer Schale Kaffee; die muntere und leichtfüßige Mamsell verrät sich durch weiße Strümpfe als eine vom Ballett, ein großer, schlankgewachsener Jüngling mit »kleinem rotem silbergesticktem Mützchen« hat sich schon einfangen lassen; an der »zweiten entfernten Pumpe« das Bauernweib, das »aus einem großen Faß um ein billiges Pflaumenmus verspendet«, zielsicher gibt sie mit einem großen hölzernen Löffel halbe und ganze Pfunde aus, um dann schnell und genau ein Dreierkleckschen gierigen Näschern zuzuwerfen; ein »winddürrer« Mann mit einem Malkasten, in dessen Abgründen: Pflaumenmus, einige »Salzmänner« aus der Heringstonne, Wurzelwerk, ja, zwei Enten verschwinden … Natürlich bahnt sich auch eine Keilerei an, die aber von den gewaltigen Hökerinnen unterdrückt wird; die Sitten, so der Vetter am Fenster, haben sich in Berlin verbessert, der Marktgang ist nicht mehr ein gefährliches Unternehmen.

Der da das Kaleidoskop einer ganzen Stadt auf dem Gendarmenmarkt ausguckt, war nach vielerlei gescheiterten Lebensversuchen 1814 endgültig hergekommen und am Gericht tätig, eine Arbeit, die er akkurat, aber ungeliebt ausführte. Viel lieber schrieb oder komponierte er oder saß mit Freunden bei »Lutter und

Wegener« – Französische/Ecke Charlottenstraße – und trank Champagner. Der Schauspieler Devrient und Hoffmann sollen sogar in warmen Nächten auf dem Gendarmenmarkt gezecht haben.
Dieser schöne Platz war bis 1700 Acker und Wiese vor der Stadtmauer, dann als Mittel- oder Friedrichstädter Markt bis 1886 (!) von Händlern und Hökerinnen genutzt. Seinen letzten Namen erhielt er nach Friedrich Wilhelms I. Regiment Gens'd Armes, dessen Ställe eine der Kirchen des Platzes einschlossen, so daß man auch das Gotteshaus »Stall« nannte; erst Sohn Friedrich II. ließ die Ställe abreißen und baute auch die beiden Dome in ihrer heutigen Form aus. Das 1817 abgebrannte Theater wurde 1824 nach Schinkels Entwürfen als Schauspielhaus neu gebaut.
Als Hoffmann in die »Kommission zur Untersuchung hochverräterischer Verbindungen« berufen wurde, geriet er in schwere Konflikte, er protestierte gegen die Verhaftung des »Turnvaters« Jahn, und nur der Tod 1822 bewahrte Hoffmann vor den Folgen des gegen ihn eingeleiteten Disziplinarverfahrens. Der »tapfere Kammergerichtsrat« hat ihn Franz Fühmann genannt, den andere nur als bizarres Männchen gelten lassen.
E. T. A. Hoffmann wohnte Tauben-/Ecke Charlottenstraße am Gendarmenmarkt.

E. T. A. Hoffmann (1776–1822) schrieb außer »Des Vetters Fenster« u. a. »Die Elixiere des Teufels« (1815/16), »Nachtstücke« (1816/17), »Die Serapionsbrüder« (1819/21), »Klein Zaches genannt Zinnober« (1819), »Meister Floh« (1922).

ERINNERUNG AN DEN LAUBENHEIMER PLATZ

Karola Bloch, die Frau des Philosophen, über Alfred Kantorowicz: »Er träumte davon, Romanschriftsteller zu werden.« Kantorowicz hat nur einen Roman geschrieben, »Der Sohn des Bürgers«, in Fortsetzungen gedruckt in seiner Zeitschrift »Ost und West«, die er von 1947–1949 in Berlin herausgab, wohl die beste ihrer Zeit.

Der Autor wählte gleich doppelte Maskierung; er schrieb unter dem Pseudonym Helmut Campe, und die Figur des jungen Dr. Martin Freymuth ist leicht als autobiographisch zu erkennen. Freymuth zieht in die Berliner »Künstlerkolonie«, drei von Künstlergenossenschaft und Schriftstellerverband in den Zwanzigern gebaute Häuserblöcke um den Wilmersdorfer Laubenheimer Platz. Sie enthielten billige, aber nicht unkomfortable Wohnungen. Verständlich, daß in jenen Jahren von diesem Angebot viele Künstler samt Familien Gebrauch machten: Bloch und Huchel, Johannes R. Becher, Ernst Busch, Erich Engel, Arthur Koestler, Erich Weinert, Susanne Leonhardt mit ihrem Sohn Wolfgang, Manes Sperber, Gustav Regler, Georg Hermann, Walter Hasenclever, Theo Balk …

Der enge Kontakt zu den Mitbewohnern, von denen manche im Roman trotz ihrer Kunstnamen erkennbar sind, ändert das Leben Freymuths, führt ihn aus der Kontemplation in die Aktion. Der KPD-Unterbezirksfunktionär Bruno: »Da ist heute einer eingezogen. Ick hab ihm den Transport gemacht, und dann haben wir diskutiert. Für die Partei ist er nicht, er hat schreckliche Angst, daß er seine sogenannte Unabhängigkeit aufgeben muß, wenn er zu uns kommt. Aber wenn's was gegen die Nazis zu tun gibt, is er dabei, sagt er. Seht ihn euch mal an.«

Bald wird Freymuths Parterrewohnung – real Kreuznacher 48 – zum Zentrum des Widerstands; denn mit der Nähe zur faschistischen Diktatur häufen sich die Angriffe auf die Bewohner der Blocks. Freymuth wird Leiter des Selbstschutzes. Diese Organisation hat es gegeben, so wirkungsvoll wie im Roman beschrieben; Axel Eggebrecht, ebenfalls Mitstreiter, schreibt in seinen Erinnerungen: »Erstaunlich, egozentrische Schauspieler und Literaten handelten klüger und mutiger als die berufenen Verteidiger der Demokratie.« Freymuth reflektiert: »In der Tat bildeten die drei Blocks nahe dem Breitenbachplatz … eine Oase des Antifaschismus, die nach Westen hin von den großbürgerlichen Villensiedlungen Dahlem und Grunewald blockiert und vom Norden, Osten und Süden von den kleinbürgerlichen Bezirken Schmargendorf, Wilmersdorf, Friedenau und Steglitz umschlossen war.« Dort »hißten die Nazis ihre Hakenkreuzfahne, die Deutschnationalen, Konservativen und Reaktionäre die schwarz-weiß-rote Fahne des Kaiserreichs, die Demokraten die schwarz-rot-goldene der Republik«. Tausende von Antifaschisten pilgerten am Wochenende zur Künstlerkolonie, »um zu sehen, daß nicht eine einzige Hakenkreuzfahne, nicht einmal Schwarz-Weiß-Rot wehte«. Im Unterschied zu Freymuth, der nur rote Fahnen sah, haben Karola Bloch oder Eggebrecht auch Schwarz-Rot-Gold am »Roten Block« erblickt, was ja auch eine demokratische Tat war und der Zusammensetzung der Mieter eher entsprach. Den Nazis waren die Blöcke verhaßt. In der Nacht des Reichstagsbrandes kam Johannes R. Becher, die Blochs zu warnen. Tage später wurde der Platz von SA und Polizisten umstellt. Doch viele der Gesuchten waren untergetaucht, ins Ausland oder in die Illegalität gegangen. Auch Martin Freymuth.

Mit dem Schluß des Romans stellte »Ost und West« ihr Erscheinen ein. Den Untergang erklärt Kantorowicz aus materiellen Gründen, nach der Währungsreform stünde für viele die Frage: Kauf einer Zeitschrift oder von Zigaretten und Wurst? Vor der Währungsreform hatte man 70.000 Leser, dann, 1949, kaum noch 5.000.

Sein Leben hat Kantorowicz in mehreren Tagebuch-Bänden beschrieben, auch die Gründe seiner Flucht 1957 in den Westen. Er starb in Hamburg.

Der Laubenheimer Platz, nun nach dem Regisseur Ludwig Barnay benannt, hat Faschismus und Krieg überlebt; an einigen Häusern sind Erinnerungstafeln, auf dem Platz ein Gedenkstein, das Bezirksamt müht sich mit beachtenswerten Publikationen um die Geschichte der Blocks, die heute einer gemeinnützigen Wohnungsgesellschaft gehören, ein rühriger Verein »Künstlerkolonie Berlin« hält die Erinnerungen wach.

Alfred Kantorowicz (1899-1979) schrieb außer »Der Sohn des Bürgers« u. a. neben kulturpolitischen und literaturkritischen Texten »Tschapajew« (1938), »Spanisches Tagebuch« (1948), »Deutsches Tagebuch« (1961), »Politik und Literatur im Exil« (1978).

ROTER GRAF BEI DEN ÄRMSTEN

Harry Graf Keßler, der sich allerdings in Preußen wegen der dynastischen Eifersüchteleien nicht Graf nennen durfte, entstammte einer aus dem Bürgertum aufgestiegenen reichen Familie. Seine Mutter war der Schwarm des alten Kaisers Wilhelm I. Keßler wurde der Rote Graf genannt, von den einen abwertend, von anderen anerkennend. Er fiel tatsächlich im meist konservativen Adel aus dem Rahmen, war ein wirklicher Weltbürger, streitbarer Demokrat, Präsident der Friedensgesellschaft und großzügiger Förderer moderner Kunst. Keßler hatte keine Berührungsängste, war mit Walther Rathenau befreundet, stand mit Wieland Herzfelde auf dem Duzfuß, war gut bekannt mit George Grosz, Brecht, Heinrich Mann, Piscator.

Im November 1920 publizierte Keßler die Reportage »Die Kinderhölle in Berlin«. Er hatte Familien im Berliner Norden und Osten, am Wedding, Gesundbrunnen, in den übervölkerten Vierteln am Görlitzer und Schlesischen Bahnhof besucht und fotografiert. »Dort gibt es kaum ein Haus, in dem nicht mehrere Elendswohnungen sind, in dem nicht vielleicht die Mehrzahl der Familien nur noch krampfhaft sich am Rande dieser kalten grauen Hölle hält.« Keßler zitierte den Direktor des Berliner Statistischen Amtes, der berechnet hatte, daß das Existenzminimum einer Berliner Familie von vier Köpfen 19.000 Mark betrug, und nicht einmal zehn Prozent über dieses Einkommen verfügten. Die

Mietskasernen nannte Keßler »Totenhäuser«: vier bis fünf Kinder und Erwachsene in einem Zimmer »fast die Regel«. Bettwäsche war eine Seltenheit, es fehlte Leibwäsche, Schuhzeug, warme Kleidung, besonders bei Kindern. Lange Fensterreihen in den Arbeitervierteln sah er bloß mit Pappe oder Holz geflickt. »Reinlichkeit in den früher so peinlich sauberen Berliner Arbeiterfamilien ist ein Luxus geworden.« Die fortgeschrittene Verwahrlosung verurteilte Keßler nicht, er wußte, sie hatte soziale Ursachen. Dazu kam seine Beobachtung, daß drei Viertel der Bevölkerung unterernährt waren; Fleisch fand man allein bei Wohlhabenden und nur einmal die Woche. In der Charité lagen fünfmal soviel Kinder mit TBC und Rachitis wie vor dem Kriege, vor allem schwere Fälle. Zornig schrieb Keßler von fehlender Aufmerksamkeit für diese Kindertragödie, er forderte beschwörend, die Kinder zu retten!

Seine Reportage schlug ein, die Frau des britischen Botschafters fuhr daraufhin in die genannten Viertel. Einen Monat nach Veröffentlichung waren auf dem Konto »Kinderhölle« schon mehr als 350.000 Mark eingezahlt. Man liest heute diesen Bericht mit Beklemmung, aber nicht nur als Berliner Historie, sondern wie eine aktuelle Publikation, ein Vorgriff auf Mögliches und Kommendes!

Keßler verließ nach dem Reichstagsbrand Deutschland. Seine Hoffnungen, daß die Nazis bald abgewirtschaftet hätten, erfüllten sich nicht. In Frankreich, wo er geboren worden war, starb Keßler 1937 in der Nähe von Lyon.

Seine Berliner Wohnung in der Köthener Straße 28, heute ein verschlissener Betonkasten, war eine Sensation; er hatte sie von seinem Freund, dem Jugendstilkünstler Henri van de Velde, komplett einrichten lassen. Sie enthielt unschätzbare Kunstwerke und eine Bibliothek mit kostbaren Büchern, in hellem Leder eingebunden. Obwohl die blasierte Gräfin Spitzemberg diese Wohnung als »5 Löcher im Hinterhaus« bezeichnete, war sie eine der

Linienstraße, 1992

schönsten, geschmackvollsten der Stadt, und Einstein, Stresemann, Max Reinhardt, Johannes R. Becher, Bernhard Shaw, Virginia Woolf waren dort Gäste. Keßlers große Kunstsammlungen wurden vernichtet, gestohlen, verauktioniert, sind verschollen. Seine Tagebücher, geführt seit 1880, bilden ein Geschichtsdokument von hohem Rang. Die »Kinderhölle« ist in »Keßler, Künstler und Nationen« aus dem Fischer Taschenbuch Verlag nachzulesen. Daß in Berlin nichts an Keßlers Aufenthalt und Wirken mahnt, ist schon fast selbstverständlich.

Harry Graf Keßler (1868–1937) schrieb außer der Reportage »Die Kinderhölle« (1920) u. a. eine Rathenau-Biographie und »Tagebücher 1918 bis 1937«.

DAS GRINSEN IM WACHSGESICHT

Die Verbindung der Familie Kisch mit Berlin datiert nicht erst seit Egon Erwin 1905 herkam, um eine Journalistenschule zu besuchen. Schon der junge Arzt Dr. Abraham Kisch, Apothekersohn aus Prag, half hier dem strebsamen Moses Mendelssohn beim Studium, und das war Anfang des 18. Jahrhunderts.

Egon Erwin Kisch kam wie viele, in Berlin sein Glück zu suchen. 1912 wurde er als Nachfolger von Gerhart Hauptmann Dramaturg eines Theaters, obwohl er, wie er selbst sagte, »vom Theater nichts verstehe«. Nachdem ihm der Erste Weltkrieg zu grundlegenden Erkenntnissen verholfen hatte, ging er 1921 wieder nach Berlin, um seinen Beruf endgültig zu finden. Er schrieb für Prager Zeitungen, berichtete aus dem Berliner Kulturleben, besonders aber zogen ihn jene Alltäglichkeiten an, die mehr aussagen können als großdimensionierte Ereignisse.

In seiner Reportage »Herrscher und Räuber« (1922) zählt er merkwürdige Summen auf, die für Bismarck, Kaiser Wilhelm II., Mackensen und Ludendorff bezahlt wurden. Der Leser bemerkt bald, daß es um die Auflösung des berühmten Castanschen Panoptikums, Friedrichstraße 165, Ecke Behrenstraße – geöffnet von 10 bis 21 Uhr,

Eintritt 50 Pfennige, Kinder die Hälfte – geht. Das vordem große Interesse – zur Eröffnung in den siebziger Jahren kam selbst das Kaiserpaar, und jeder Reiseführer rechnete das Castan-Panoptikum neben Schloß, Zeughaus, Nationalgalerie zu den Berliner »Sehenswürdigkeiten« – war sehr zurückgegangen. Kisch nennt den wichtigsten Grund: das sich schnell entwickelnde Kino erfüllte besser die Sensationsgelüste. Und außerdem bot der Große Kaisersaal, wo »die gesamte Hohenzollerndynastie untergebracht war«, nach der Revolution und dem traurigen Abgang des Herrschers keinen besonderen Reiz mehr.

Wilhelm Zwo erbrachte also 10 Dollar, Kerenski 120 Mark, der Hauptmann von Köpenick stieg immerhin auf 1.500 Mark. Der Verkauf wurde munterer, als die Exponate aus der »Schreckenskammer« unter den Hammer kamen: eine Guillotine, die Fesseln berühmter Gefangener, Henkerschwerter, Totenmasken Hingerichteter, dazu Hunderte von Mordinstrumenten. »Das waren Denkmäler, aus denen die Jugend Lust zur Nachahmung und Belehrung« schöpfen konnte, meinte Kisch; und die jungen Besucher hatte es tatsächlich vor allem hin zur »Schreckenskammer« gezogen.

Kisch kam bei dieser unterhaltsamen Versteigerung dem Zweikampf zwischen Castanschen Erben und der Rothschild-Familie auf die Spur. Die Wachsfigur Anselm Rothschilds, des Begründers des Bankhauses, das wußten die Versteigerer, sollte nicht in irgendeine Hand kommen, sondern im Familienbesitz bleiben. Die Auktionäre trieben deshalb den Preis hoch, blieben aber bei 11.000 Mark auf Rothschild sitzen. »Schließlich boten ihnen die

Vertreter des Bankhauses Rothschild 4.500 Mark (500 Mark weniger, als ein ärmerer Potentat kostete!), und Castans Erben waren froh, daß sie ihn los wurden. In diesem Augenblick schien es, als huschte über Anselm Rothschilds Wachsgesicht ein leises Grinsen.«
In der 1988 erschienenen umfangreichen Biographie Kischs von Wessel/Haupt wird gefragt, ob das Haus in der Wilmersdorfer Güntzelstraße, in dem Kisch lange wohnte, noch steht. Es steht und trägt eine Gedenktafel; in Hohenschönhausen gibt es eine Egon-Erwin-Kisch-Straße. Verhaftet wurde Kisch 1933 aber in seinem letzten Quartier, der Motzstraße. Im Polizeipräsidium am Alex traf er viele Eingelieferte, auch Ossietzky, Mühsam, Renn. Manche waren noch zuversichtlich, daß der braune Spuk schnell vorbei sei. Ludwig Renn sagte zu Kisch, den erst ein Protest der Prager Regierung befreite, »es wird lange dauern«. Es dauerte so lange, daß Kisch Berlin nicht mehr wiedersah.

Egon Erwin Kisch (1885–1948) schrieb außer der Reportage »Herrscher und Räuber« (1922) neben zahlreichen Reportagen und Zeitschriftenartikeln u. a. »Der rasende Reporter« (1924), »Landung in Australien« (1937), »Marktplatz der Sensationen« (1942).

»DIE DIENSTE DER GROSSEN SIND GEFÄHRLICH«

Die Uraufführung seiner »Minna von Barnhelm« hat Lessing 1767 in Hamburg erlebt, mit mäßigem Erfolg. Als sie 1768 von der Theatergruppe Döbbelin in einem Saal der Berliner Behrenstraße 62 gegeben wurde, war es ein großes Ereignis. Selbst die bekannte Dichterin Karschin bekam keinen Platz und mußte auf der Bühne sitzen. Neunzehnmal hintereinander lief das Stück, einmal auf »Hohen Befehl«, den nicht König Friedrich gegeben hatte, denn er hielt nichts von deutschen Stücken, ließ sie nicht einmal im königlichen Theater spielen. Begehrlich, die Komödie zu sehen, war der Bruder, Prinz Heinrich, der alte Frondeur. Ihm gefiel sicherlich, »die vielen Stiche auf die preußische Regierung« zu erleben, die Nicolai in einem Brief an Lessing tadelte.

Das Berliner Publikum begriff sehr gut Spaß und Sprengstoff dieses ersten deutschen Lustspiels, das noch dazu 1763 in ihrer Stadt spielte. Geschrieben hatte es Lessing in Breslau, in Berlin korrigiert und zu Ende gebracht: Der Siebenjährige Krieg ist vorbei, der König räumt auf. Alle mit einem »Makel« behafteten und alle nicht mehr dienstfähigen Offiziere werden »beseitigt«, ebenso die vielen aus dem Unteroffiziersstand hervorgegangen Offiziere. Major v. Tellheim gehört zu denen, die »abgedankt« werden ohne Dank. Er hat einen beschädigten Arm und einen weiteren »Makel«: die eroberten Sachsen hat er nicht genug geschröpft, sondern ihnen sogar Geld vorgestreckt. Ein Diener nur ist ihm geblieben; und der ebenfalls abgedankte Wachtmeister Paul Werner hält zu ihm, was Tellheim zum brüderlichen »Paul« für den bürgerlichen Feldwebel hinreißt. (Goethe gefiel dieser Wachtmeister so, daß er ihn selbst bei einer Liebhaberaufführung spielte.) Für den Wirt ist der Major ein so unwerter Gast, daß er ihn aus dem Zimmer wirft, als ein reiches sächsisches Fräulein Quartier begehrt. Komödiantischer Zufall, daß dies Minna v. Barnhelm ist, ein unglaublich emanzipiertes Mädchen, das den Major sucht, den ehrsamen Tellheim schelmisch überwältigt – und freit. Im Stück klingt so doppelt an, daß Lessing Sachse war! Und wenn das uralte Theatermittel, der reitende Bote des Königs, auch hier prompt eintrifft, ist das keine Huldigung Friedrichs II., wie Lessing in den nächsten Worten Tellheims beweist: »Die Dienste der Großen sind gefährlich und lohnen der Mühen, des Zwanges, der Erniedrigungen nicht, die sie kosten … Nur die äußerste Not hätte mich zwingen können, aus diesem Versuche (Offizier zu sein) eine Bestimmung, aus dieser gelegentlichen Beschäftigung ein Handwerk zu machen.« Oder: »Man muß Soldat sein für sein Land oder aus Liebe zu der Sache, für die gefochten wird.« Solche Auffassungen von Militär, Krieg und Nation waren sehr unfriderizianisch und klangen den kriegsmüden Berlinern in den Ohren.

Das Stück spielt im Gasthof »König von Spanien«, dessen Wirt, Schleicher und Horcher, typisch ist; der König befahl – und bezahlte die Spitzeldienste aus den Hotels gut. Hat nun Lessing eines der beiden elegantesten Hotels Berlins, den »König von England« oder »Stadt Paris« porträtiert? Oder vielleicht das Gasthaus »König von Portugal« in der Burgstraße 12 bzw. 16, wie die Historiker streiten? Lessing wohnte in der Heiliggeist-/Ecke Spandauer Straße und setzte ein rotes Fähnchen, wenn er mit Freund Ramler zechen wollte. Eben im nahen »König von Portugal«, wo die Quartbouteille Wein nur 10 Groschen kostete. Ansonsten saß der Junggeselle Lessing mit Freunden in der »Baumannshöhle«, so hieß der Küfer in der Brüderstraße, an gescheuerten Holztischen bei gutem Bordeaux-Wein. Der »König von Portugal« wurde von Frau Katharina Elisabeth Hammerstein geführt, und so mag die Verfremdung zum Wirt und die Änderung des Hotelnamens Lessings Wunsch entsprungen sein, dort Gast bleiben zu können. (Und noch 1912 konnte man dort speisen, im Stadtführer als jüdisches Restaurant erwähnt.)

Lessings vielfache Versuche – 1748–51, 1752–55, 1758–60, 1765–68 – in Berlin festen Fuß zu fassen, scheiterten. So verließ er endgültig seine letzte Wohnung Am Königsgraben 10, dort, wo heute die Südfront des Kaufhauses am Alex ist. »Was hatte ich auf der verzweifelten Galeere zu suchen?« sein bitteres Abschiedswort.

Im südöstlichen Teil des Tiergartens steht ein Lessingdenkmal; populärer und bezeichnender ist Lessings Figur unter dem Pferdeschwanz des Denkmals Friedrichs des Großen Unter den Linden!

Gotthold Ephraim Lessing (1729–1781) schrieb außer dem Lustspiel »Minna von Barnhelm« (1760/63) u. a. das Trauerspiel »Emilia Galotti« (1772), Fabeln, »Hamburger Dramaturgie« (1767/69).

DER WILDE SCHÜTZE IN DER HASENHEIDE

Waldimir Majakowski lernte 1920 bei der zierlichen Studentin und Übersetzerin Rita Rait Deutsch, geduldig deklinierte er »das Kalb, des Kalbes ...« Heine-Gedichte gefielen ihm besser, und einige Stellen, die ihm besonders zusagten, lernte er auswendig; so gab er dann in Berlin Bestellungen nur mit einem abgewandelten Zitat

auf: »Geben Sie ein Mittagessen, mir und meinem Genius.«
1922 fuhr Majakowski nach Berlin, sein Gelerntes reichte indessen nicht aus. Später beklagte er sich bei seinem österreichischen Nachdichter Hugo Huppert, »in Deutschland hat sich stärker als anderswo meine verdammte sprachliche Isolierung ausgewirkt«.
Froh war er, wenn F. C. Weiskopf ihm dolmetschte. Eines Tages, 1929, erschien plötzlich Majakowski in dessen Reinickendorfer Wohnung. Er fand den Standort ausgezeichnet und begründete seine Begeisterung: Weil man aus den Fenstern »die Zwiespältigkeit der Stadt so greifbar vor Augen hat … links den roten Wedding, und rechts den schwarz-weiß-roten Pankower Bürgerpark«.
Den Kontakt mit Berliner Arbeitern wollte er trotz der Sprachschwierigkeiten unbedingt herstellen. So bestand er auf einer Lesung im proletarischen Vergnügungspark in der Neuköllner Hasenheide. Er las Russisch, was die wenigsten verstanden. Aber durch Majakowskis leidenschaftlichen Vortrag erahnte man den Inhalt. »Als er zum Schluß mit seiner reichen, tiefen, dröhnenden Stimme den ›linken Marsch‹ in den Saal schmetterte, blieb niemand sitzen.« Vor dieser Lesung aber wollte er eine »W. W. Majakowski-Forschungsexpedition« in die Hasenheide unternehmen. Und er schleppte Weiskopf stundenlang umher, zu den Karussells, Riesenschaukeln, zum Ringewerfen. Am meisten begeisterte ihn die Schießbude; hier »verpulverte Majakowski im wahrsten Sinne des Wortes die ganze Barschaft«. Nach Weiskopfs Meinung benötigte er eine ziemlich große Zahl von Schüssen zum Einschießen, er zielte anfangs immer zu

hoch. Weiskopf machte ihn darauf aufmerksam. Die Antwort: Er wüßte das, es wäre eine Gewohnheit von der Poesie her, »da muß man sich immer ein höheres Ziel setzen, als man hofft, erreichen zu können«.

Sein Verleger Wieland Herzfelde konnte nicht Russisch und Majakowski wenig Deutsch, doch sie verständigten sich gut. Vielleicht deshalb: Eines Morgens suchte Herzfelde Majakowski auf, um ihn abzuholen. Majakowski rasierte sich noch, dann griff er nach zwei Weinflaschen; »in jeder Hand eine, schlug er beide Flaschen gleichzeitig gegen die Kante des Waschbeckens, derart, daß die Hälse glatt absprangen«. Majakowski trank mit einem Zug die Flasche leer, Herzfelde, der alles für einen russischen Brauch hielt, folgte ihm und war dann entsprechend fröhlich und gesprächig. Einmal wollte Majakowski ins KADEWE, und Herzfelde ging mit ihm früh, vor dem Andrang, in die Abteilung für Damenwäsche. Majakowski ließ sich eine lange Reihe entsprechender Artikel auf dem Tisch vorlegen. Er prüfte schnell, aber genau. Majakowskis große Finger machten der Verkäuferin klar, »wieviele von den verschiedenen Strümpfen, Strumpfbändern, Höschen, Büstenhaltern, Spitzentüchern und Dessous er zu kaufen wünsche … Kurz, er war ein Kunde, der, zumal in dieser Abteilung, Seltenheitswert besaß«. Denn er war ein Mann, der wußte, was er wollte, und das rasch.

Auf Herzfeldes Frage, weshalb er so viel und so vielerlei gekauft habe, erwiderte Majakowski: »Er wolle nach Moskau nicht ohne Geschenke zurückkommen, und es sei doch wichtig, keine Bekannte zu vergessen und das richtige auch in der richtigen Größe zu bringen.« Und jetzt erst fiel es Herzfelde auf, daß der Moskauer Dichter sich überhaupt nicht nach den Preisen erkundigt hatte; der überließ es dem Verleger, die Geschenke zu bezahlen!

Diese und andere Skizzen von Majakowskis Berlin-Aufenthalten sind im Band »Erinnerungen an Majakowski«, gedruckt 1972 bei Reclam Leipzig, zu finden.

Wladimir Wladimirowitsch Majakowski (1893–1930) schrieb u. a. das Gedicht »Linker Marsch« (1918), die Poeme »Ich liebe« (1922), »Darüber« (1923), »Wladimir Iljitsch Lenin« (1924), die Komödien »Die Wanze« (1928), »Das Schwitzbad« (1929).

WO DIE GOLDSTÜCKE ÜBER DEN TEPPICH ROLLTEN

»Aber wozu der ganze Salm, platzen Sie sich doch auf einen von meinen grünen Fotöchs ... Du Aas ... Na, laß ihm ... Aber ich lasse Ihnen hier ins ungelüftete Zimmer hin sitzen ... Hat ihm schon!« Das aus dem Munde der 17jährigen Göre Matzke, und man hört Berlin! Selbst der Name mit der typischen Berlinischen Verkleinerungsendung »ke« ist original.

Aufgeschrieben wurde es vom Lübecker Patriziersohn Heinrich Mann. Er lebte 1890–92 nach der Dresdner Buchhändlerlehre in Berlin, ein Dreivierteljahr als Buchhandlungsgehilfe im S. Fischer Verlag.

Hörte und sah hin und verarbeitete seine Eindrücke in dem 1900 verfaßten satirischen Roman »Im Schlaraffenland«. Darin stellt er den Höhenflug des aus einem kleinen rheinischen Städtchen nach Berlin verschlagenen

Redaktionsvolontärs Andreas Zumsee dar: Aus dem miefigen Untermieterzimmer der Linien-, über das etwas bessere in der Dorotheen-, zur eigenen, eleganten Wohnung in der Lützowstraße. Ausgangsort des Aufstiegs und der schönen Wandlungen ist das Türkheimersche Palais in der Hildebrandstraße, im damals feinsten Tiergartenviertel, in dem sogar die Straße für Normal-

Im besetzten Haus, Auguststraße, 1993

verkehr abgesperrt war. Als Andreas das erste Mal an einem der üblichen Empfänge bei den Türkheimers teilnimmt, hat er die Halluzination, Goldstücke unter den Sesseln umherrollen zu sehen. Was ihm bald bare Wirklichkeit wird, als Geliebter der doppelt so alten Frau Türkheimer. Und damit auch des Wohlwollens des mächtigen Türkheimer sicher, der nun Ruhe hat, seine Mätressenwirtschaft neu zu ordnen. Andreas, der sich jetzt Zum See nennt, braucht Geld: Frau Türkheimer spekuliert – mit Hilfe Türkheimers natürlich – an der Börse in der Burgstraße. Ausgerechnet am Denkmal Friedrichs Unter den Linden macht ihm Türkheimer die Mitteilung, daß Andreas durch einen großen Coup um 30.000 Goldmark reicher ist. »Andreas tat einen Spung« – man denke, an diesem Ort! Er muß an sich halten, vor Freude nicht laut aufzuschreien. Von einem vorbeifahrenden Wagen trifft ein »Kotklümpchen sein Beinkleid«. Andreas hätte dieses Signal ernstnehmen sollen! In seinem Übermut dazuzugehören, treibt er es zu weit, behandelt Frau Türkheimer schlecht und schläft mit Türkheimers Geliebter, jener sehr berlinischen Matzke. Türkheimers sind jovial genug, den fälligen Absturz etwas abzufedern; Andreas wird Redakteur (Gehalt 300 Mark) dort, wo er begann.

Man hat diese Satire hochgeschätzt, sie war aber nur das Vorspiel zum »Untertan«. Eine Vorahnung gibt die Szene am Denkmal: nicht weit davon Unter den Linden läuft dann Diederich Heßling mit tief gezogenem Hut neben der Kaiserkutsche her.

Der Kritiker Eloesser meint: »Wenn er (Thomas Mann) seine Entwicklungsjahre etwa in Berlin verbracht hätte, wenn er die neudeutsch trübe Mischung von Kasernierung und Industrialisierung unter der theatralischen Firmenführung des Wilheminischen Imperialismus nicht hätte übersehen können, und wenn er mit dem satirisch entblößenden Temperament seines Bruders Heinrich ausgestattet gewesen wäre«, dann hätte er nicht die »Betrachtungen eines Unpolitischen« geschrieben, hätte sich vom Chauvinismus zu Beginn des Krieges nicht einfangen lassen …

Heinrich Mann kehrte Ende der zwanziger Jahre nach Berlin zurück, wechselte oft seine Wohnungen: Anfang 1930 die Pension »Oliva« in der Uhlandstraße, 1931 Schaperstraße 2–3, dann als Nachbar von George Grosz in der Trautenaustraße 12. Er liebte »die ungeheure Menschenwerkstatt Berlin«, saß am Stammtisch im »Romanischen Café« oder besuchte mit seinem Freund Wilhelm Herzog den Osten, spazierte die Warschauer Straße entlang, um wenigstens einen Blick ins Dasein des Proletariats zu werfen.

1932, als Präsident der Sektion Dichtkunst der Akademie der Künste, zog er in die Fasanenstraße 61 um. Das herrschaftliche Haus mit seinem geschmiedeten Tor und der läuferbelegten Treppe steht noch und trägt eine Gedenktafel. Von hier aus ging er, nur einen unauffälligen Regenschirm in der Hand, am 21. Februar 1933 in die Emigration. Seine Gefährtin, die von vielen geschmähte, tapfere Nelly »vom Kudamm«, begleitete ihn, folgte ihm ins französische Exil und schleppte später auf der Flucht vor den Nazis den 70jährigen über die Pyrenäen.

Heinrich Mann wäre gern nach Berlin zurückgekehrt, der Tod verhinderte es, seine Asche ruht seit 1961 in einem Grab auf dem Dorotheenstädtischen Friedhof in der Chausseestraße.

Heinrich Mann (1871–1950) schrieb außer dem Roman »Im Schlaraffenland« (1900) u. a. »Professor Unrat« (1905), »Die kleine Stadt« (1909), »Der Untertan« (1914), die Essay-Sammlung »Geist und Tat« (1931), die Romane »Die Jugend des Königs Henri Quartre« (1935) und »Die Vollendung des Königs Henri Quartre« (1938).

MEPHISTO UND GRANDSEIGNEUR

Als Klaus Mann mit 17 Jahren Berlin sah, wollte er »für immer« bleiben. Auch später hat die Stadt ihn stark angezogen. Er lebte hier, Pensionen und möblierte Zimmer wechselnd: in der Uhlandstraße bei einem »Puffmütterchen«, wie Schwester Erika und er die Wirtin nannten, auf dem Ku'damm, in der Pfalzburger, der Graf-Spee-Straße, zwischen 1929–33 in der Pension »Fasaneneck«, wo auch der von ihm verehrte Onkel Heinrich gern abstieg. Klaus Mann arbeitete beim »12 Uhr Blatt« als »3. Theaterkritiker«, für die »Weltbühne« an größeren Projekten. Am 30. Januar 1933 verließ er Berlin; er wußte, was da heranmarschierte.

Im Engadin begann er 1935 den Roman »Mephisto«, dessen Hauptfigur der aus dem Rheinland stammende Schauspieler Hendrik – eigentlich Heinz – Höfgen ist. In Hamburg anerkannt, will er unbedingt nach Berlin, er »litt, wenn er Berliner Zeitungen las«. Denn dort entschied sich die Karriere eines Schauspielers und Regisseurs. Höfgen nimmt kleine Rollen an, er muß in zwei »trüben Stuben« wohnen. Aber mit »aasigem Charme«, talentiert, fleißig und intrigant kämpft er sich hoch. Schon in der Spielzeit 1929/30 hat er »beinahe mehr zu sagen als der Chef selbst«. Jetzt kann er sich »eine helle Wohnung im neuen Westen, am Reichskanzlerplatz« (später Adolf-Hitler-, heute Theodor-Heuß-Platz) mieten, trägt zartfarbene Anzüge, gelbe Schuhe. Dort bewirtet er junge Schriftsteller oder KP-Funktio-

näre und hofft mit ihnen auf die Weltrevolution. Die Bühnenarbeiter grüßt er mit erhobener Faust. Höfgen ist »Liebling der links-bürgerlichen und linken Blätter ... Favorit der großen jüdischen Salons«.
Da tritt etwas ein, das ihn anfangs irritiert: Hitler wird Kanzler. Einen Augenblick schwankt Höfgen in Paris, ob er bleiben, also emigrieren soll. Aber der heftige Wunsch, oben zu sein, höher zu steigen, siegt; er kehrt zurück. Die Schauspielerin Lotte Lindenthal, Braut des »Dicken«, des neuen preußischen Ministerpräsidenten, macht ihn zum Protegé dieses ungebildet-brutalen Nazis. Der nutzt Höfgen als Spitze gegen den »Hinkenden«, Konkurrent des »Dicken«. Höfgen wird schließlich Generalintendant der preußischen Staatstheater in Berlin, Staatsrat und Senator. Jetzt wohnt er, ein Grandseigneur, im Grunewald, »in einer schloßartigen Villa«. Die kommunistischen Bühnenarbeiter sind entlassen, Höfgen muß die Vergangenheit nicht fürchten. Aber als der Schauspieler Otto Ulrich, ein alter Freund, verhaftet wird, regt sich Höfgens Gewissen. Er bittet den »Dicken« um Milde, der ihn kurzerhand unter Drohungen hinauswirft. Ulrich wird ermordet. »Ich bin doch nur ein ganz gewöhnlicher Schauspieler«, sagt Höfgen voller Selbstmitleid in seinem »feinen und eleganten« Zimmer im Grunewalder Schloß.
Gegen den Roman wurde nach dem Kriege prozessiert bis zum Bundesgerichtshof. Man warf dem Autor vor, er habe einen »Schlüsselroman« verfaßt; die sich betroffen dünkten, ließen bis 1980 den Druck nicht zu. Der bekannte Germanist Professor Hans Mayer hatte in einem Gutachten darauf hingewiesen, daß man bei »Schlüssel-

romanen« eine lange Liste aufstellen könnte: Proust, Faulkner, Hauptmann, Frisch. Andere nannten Hochhuths »Stellvertreter« oder Dramen von Zuckmayer und Kipphardt, in denen zeitgeschichtliche Figuren handeln. Und Thomas Mann erklärte, daß man auch bei seinen »Buddenbrooks« in Lübeck aufgelistet habe, wen man erkannt glaubte. All das half nichts. Der Berliner Verlag Blanvalet wollte 1952 drucken, zögerte, zuckte zurück. So entschloß sich Erika Mann, die zähe Vertreterin des 1949 aus dem Leben geschiedenen Bruders Klaus, die Rechte an den Aufbau Verlag zu geben, der das Buch 1956 publizierte. Dies trug ihr den Vorwurf des Paktierens mit dem kommunistischen Regime ein. Inzwischen hat die Zeit entschieden! Man liest heute Klaus Manns »Mephisto« als satirischen Roman einer Zeit und ohne Neugier, hinter jeder Figur wen zu wittern.

Klaus Mann (1906–1949) schrieb außer dem Roman »Mephisto« (1936) u. a. »Treffpunkt im Unendlichen« (1932), »Der Vulkan« (1939), die Autobiographie »Der Wendepunkt« (erschienen 1952).

»DIE KÖSLINER RITZE WIRD DABEISEIN«

Die Kösliner Straße ist heute eine beliebige, gebaut im Stil der fünfziger Jahre, Erinnerungen an die einst berühmt-berüchtigte sind getilgt. Die kleine Straße, seit 1874, bestand aus 24 »Wanzenburgen« mit drei bis vier Hinterhöfen, die »kinderreichste und kinderelendste« von Berlin, so Klaus Neukrantz. Mehrere tausend Proleten hausten hier auf engstem Raum. In einer 1929 erschienenen Dokumentation über Wohnungselend in

Deutschland wird diese Gasse ausdrücklich hervorgehoben. Der amerikanische Journalist Knickerbocker schrieb 1932: »Wenn der Wedding der röteste Teil Berlins ist, so ist die Kösliner Straße die röteste im Wedding.« Hier stieß das Demonstrationsverbot zum 1. Mai 1929 natürlich auf besonderen Widerstand. Kein Reaktionär wäre auf die Idee gekommen, den traditionellen Maiumzug zu verbieten, sagte Ossietzky, »das bringt kein Bourgeois fertig, dazu gehört schon einer jener wohlzugeschnittenen Parteisozialisten«.

Der trotzige Demonstrationszug wird in der engen Straße – eine echte Falle – sofort attackiert. Die Bewohner wehren sich, bauen später Barrikaden, die von der Kösliner zur Wiesenstraße hin wird hart umkämpft. Die Schlacht in der Straße tobt lange, es gibt viele Tote und Verletzte; unter den Polizisten, die aus ganz Preußen zusammengezogen waren, kein Toter. Wachtmeister Wüllner vom Revier 95, zu dem die Gasse gehört, ist über die ahnungslosen und brutalen Polizeischüler aus Brandenburg entsetzt und wird später selbst schuldig. Kurt und Anna, ein junges Paar aus der Kösliner, nehmen an den Kämpfen teil: Kurt, der nach langer Arbeitslosigkeit täglich auf einem Bau 125 Zentner Beton schleppt, organisiert die Gegenwehr, wird verfolgt, kann sich durch genaue Ortskenntnis retten; seine eher unpolitische Frau wird zusammengeschlagen und verhaftet. Im Gefängnislazarett findet Kurt sie nach Tagen der Ungewißheit.

Der Autor des sofort verbotenen Reportageromans »Barrikaden am Wedding«, Klaus Neukrantz, legt in seinem Vorwort Wert darauf, daß die Personen nicht erfunden und ihre Handlungen den Ereignissen in der

Kösliner Straße entnommen sind. Die Polizeilichen Vorgänge seien ihm vom öffentlichen Untersuchungsausschuß zur Verfügung gestellt worden. Dieser Ausschuß, dem u. a. Döblin, Kisch, Heinrich Mann, der Landtagsabgeordnete der Demokratischen Partei, Nuschke, und Ossietzky angehörten, befragten viele Zeugen; zur Sitzung im Schaupielhaus kamen 4.000 Zuhörer. Der Ausschuß hielt abschließend die Polizei und ihren Präsidenten Zörgiebel für schuldig an den Ausschreitungen und dem Massaker. Die nun verstärkt verwendete Bezeichnung »Sozialfaschisten« für Sozialdemokraten schadete dem Streben nach vereintem Kampf gegen den wirklichen Faschismus; auch im Roman wird der Begriff benutzt.

An der Straße wurde Rache genommen. Die Nazis sahen einen Abriß vor, der Krieg nahm ihnen das weitgehend ab. 1955 wurden in der Kösliner trotz Raumnot 100 Wohnungen abgerissen. Die Zeitschrift »Bauwirtschaft« schrieb 1961 (!): »Noch heute verbinden sich mit dieser Gegend Erinnerungen an eine Hochburg der Kommunisten, Krawalle und erbitterte Barrikadenkämpfe ... ein Krebsgeschwür, operativ zu behandeln.« Und so geschah es.

Die biographischen Daten des Autors sind lückenhaft, genaues Geburts- und Sterbedatum (1895?–1941?) stehen nicht fest. Der Offizier des Weltkriegs trennte sich von der Familie, studierte, war Angestellter, Redakteur der »Roten Fahne« und der vielgelesenen »Welt am Abend«. Im März 1933 verhaftet, soll Klaus Neukrantz später in eine Nervenklinik gebracht worden sein; sein Tod wird um 1941 angenommen. Das Buch erschien wieder 1958, im »Verlag des Ministeriums für Nationale Verteidigung Berlin«.

Klaus Neukrantz (1895–1941) schrieb den Roman »Barrikaden am Wedding« (1930) sowie viele Zeitungsartikel, die Erzählungen »Die 12 Galgen des Fürsten Voronzoff« (1930), »Das gestorbene Lazarett« (1939).

ZWEI KÖNIGSKINDER DER KLOSTERSTRASSE

Ein junger Mann spricht mitleidig ein weinendes Mädchen an. »Erschrocken blickte sie in mein gelbes Gesicht«, schreibt der Mann später in sein Tagebuch, er ist Japaner. In den achtziger Jahren des vorigen Jahrhunderts waren Japaner noch selten in Berlin, besonders in der Klosterstraße. Sie faßt Vertrauen und erzählt, »mit leichtem Berliner Akzent«, daß ihr Vater morgen beerdigt wird und man kein Geld hat. Ihr Chef, Direktor des Victoria-Theaters, bei dem sie im Ballett tanzt, will helfen, wenn sie sich ihm hingibt. Der junge Japaner geht mit zur Mutter, überwindet deren Mißtrauen, sie läßt sich von ihm unterstützen. Aus der harmlosen Freundschaft zwischen Ota Toyotaro und Elis wird Liebe.

Aber mißgünstige japanische Mitstudenten verleumden ihn, er vernachlässige das Studium und triebe sich mit Ballettmädchen herum. Toyotaro, als junger Beamter von seiner Regierung finanziert, soll zurückkehren, oder man sperrt sein Gehalt.

Er bleibt, wird ausgestoßen und arbeitet als Korrespondent für eine japanische Zeitung. Aus Geldnot zieht er zu Elis in die Mansarde der Klosterstraße. Elis wird im eisigen Winter 1888 schwanger und entlassen, die Situation wird für beide noch schlimmer. Ein japanischer Freund trifft mit seinem Minister in Berlin ein, und im Hotel Kaiserhof erhält Toyotaro einen Auftrag als Dolmetscher. Er arbeitet so gut, daß der Minister sich für die »Wiedererlangung« seiner Ehre einsetzen und ihn zurück nach Japan nehmen will. Nach schweren inneren Kämpfen beugt sich Toyotaro, die ihm eingebrannte Auffassung von Loyalität und Gehorsam siegt. Als Elis das erfährt, wird sie wahnsinnig und soll nach Dalldorf gebracht werden.

»Das Ballettmädchen (Maihime), eine Berliner Novelle« von Mori Ogai, von der es heißt, in ihr seien Spuren einer tragischen Liebe zu einer Berlinerin, erregte 1890 in Japan großes Aufsehen. Zum ersten Mal wurde eine Erzählung in der Ich-Form geschrieben, und man sieht ihre Bedeutung ähnlich der von »Werthers Leiden« in Deutschland. Ogai kam als junger Leutnant und studierte vier Jahre in Deutschland, hauptsächlich in Berlin. Er sollte vor allem das Hygienesystem kennenlernen, hörte bei Robert Koch Bakteriologie und besuchte Virchow, ja, er machte als Arzt »Revierdienst« im Zweiten Garde-Infanterieregiment. Anfangs wohnte er bei Frau Stern in der Marienstraße 32, zog aber dann in die Klosterstraße 97, weil er sich durch die Wirtin und deren Tochter Trudel belästigt fühlte. Er wußte, daß er nun nahe Alt-Berlin wohnte, »auch als Schlupfwinkel der Schurken und Dirnen« bezeichnet.

 Nach seiner Rückkehr machte er trotz privater und staatlicher Schwierigkeiten eine steile Karriere, wurde 1909 der ranghöchste japanische Militärarzt. Gleichzeitig arbeitete er intensiv als Literat. Berlin nahm später kaum von der Novelle Notiz und vergaß, daß ihr Verfasser die Stadt von Treptow bis Tempelhof durchstreift, das Krankenhaus Moabit wie den Zentralviehhof besucht hatte, ins Deutsche Theater gegangen war, in der Konditorei Josty und im Café Bauer gesessen und bei Dressel gespeist hatte und wissenschaftliche Artikel in blendendem Deutsch verfaßte. Dem Übersetzer, Professor der Humboldt-Universität, Jürgen Berndt, ist zu danken, daß in der Marienstraße, Eckhaus Luisenstraße 39 in Mitte 1984 eine Gedenkstätte eingerichtet wurde: mit Ogai-Raum, der so ausgesehen haben könnte, wie der einst von ihm bewohnte, und mit einer umfangreichen Fachbibliothek (Montag bis Freitag, 10 bis 14 Uhr geöffnet). Die Tafel am Haus, 1964 angebracht, lautet: »Von 1887–1888 wohnte hier Mori Ogai, 1862–1922, der Mitbegründer der modernen japanischen Literatur, Schriftsteller und Kritiker, erster japanischer Übersetzer des Faust, der Werke Lessings, Kleists und E.T.A. Hoffmanns.« Über die genauen Lebensumstände Ogais berichtet Evelyn Einholz im »Bär von Berlin« 1995.

Mori Ogai (1862–1922) schrieb »Das Ballettmädchen, eine Berliner Novelle« (1890) und übersetzte viele deutsche Klassiker ins Japanische.

EIN CHARLOTTENBURGER EHRT SEINE HEIMAT

Die Charlottenburger Wallstraße gibt es nicht mehr und gleich in doppelter Hinsicht: Sie wurde vom Krieg und von scheußlichen Neubauten verwüstet, nur einige Häuser, Nr. 15, 16, 18 oder 38 lassen ahnen, wie sie einst aussah: zwei-, dreistöckige Bauten, »bemooste Dächer«, enge Hinterhöfe. Der jähe Knick in der Straßenlinie und das alte Umspannwerk sind übriggeblieben. Dann verschwand auch ihr Name vom Stadtplan.
Über die alte Wallstraße schrieb Jan Petersen die »künstlerische Reportage«, wie Stephan Hermlin sie nannte, »Unsere Straße«. Der Autor war als Maurersohn Hans Schwalm 1906 in Charlottenburg geboren worden und hatte neun Jahre in der Wallstraße gewohnt. Er und seine Genossen hatten ein Recht, sie »unsere« zu nennen, denn sie verteidigten die Armeleutestraße gegen die Angriffe der Nazis, besonders gegen die als »Mordsturm 33« bekannte SA-Truppe. Mit dem 30. Januar 1933 begann für die Bewohner die schlimmste Zeit. Siegestrunken versuchte die SA noch in der Nacht, die verhaßte Straße zu erstürmen. Dabei wurden ihr berüchtigter Anführer und ein Polizist erschossen. Im Tumult aus den eigenen Reihen! Im Prozeß wurde den Angeklagten die Tat nicht nachgewiesen, dennoch wurden sie zu hohen Strafen verurteilt. Aber nicht zum Tode, wie die Nazis wollten. Deshalb wurde ein weiterer Prozeß gegen den in der Wallstraße sehr populären Führer des Häuserschutzes,

Richard Hüttig, inszeniert. Er sollte einen anderen SA-Mann getötet haben. Obwohl auch diesmal der Staatsanwalt die Schuld nicht beweisen konnte, wurde Hüttig zum Tode verurteilt und in Plötzensee hingerichtet.
Sein letzter Wunsch: Man möge seine Leiche durch die Wallstraße fahren. Was unter starker Bedeckung dann geschah. Aus den Fenstern erschallten Rufe: »Rache! Rache! Rotfront!« Es war Juni 1934! Der Widerstand einiger Mutiger bewahrte auch diese Straße nicht vor brauner Erosion, die ersten Hakenkreuzfahnen tauchten auf. »Sind es immer nur einige Tausende, die begreifen, was ist?« fragt sich der Autor und läßt einen Proleten sagen: »Als Adolf kam, nischt hat sich gerührt, jarnischt.« Niederlage ohne Widerstand deprimiert immer, schrieb Petersen. »Keiner will anrüchig werden. Das Rennen um die ›gute Gesinnung‹ hat begonnen.« Völlig ausrotten konnte man jedoch den Widerstandswillen der Wallstraße nicht; Klebezettel, Zeitungen, Flugblätter künden immer von neuem davon.
Als Illegaler, die Quartiere wechselnd, verfaßte Petersen sein Manuskript, das, in Kuchen eingebacken, nach Prag gelangte und sofort in mehreren Ländern veröffentlicht wurde. Der Autor kam 1935 zum Pariser Kongreß »Zur Verteidigung der Kultur« und wurde als »Mann mit der schwarzen Maske« weltweit bekannt. Er berichtete vom Widerstand, auch als Redakteur von »Hieb und Stich«, der einzigen in Nazideutschland erscheinenden Zeitschrift antifaschistischer Schriftsteller. Später mußte er, als »Schwerverbrecher« gesucht, nach England und Kanada emigrieren. Er kehrte 1946 zurück und wohnte anfangs wieder in Charlottenburg.

Petersen verfaßte Erzählungen und Drehbücher und engagierte sich im Pen-Club und im Schriftstellerverband. Im November 1969 starb er, und Günter Kunert widmete ihm mit »Grablegung in Müggelheim« einen Nachruf. In Marzahn wurde eine Straße nach Jan Petersen benannt. In seinem Buch hatte er gefordert, »unsere Straße« sollte einst »Richard-Hüttig-Straße« heißen. Nun ist sie seit 1947 die Zillestraße, und das ist nicht wenig. Der Bezirk Charlottenburg hat mit einem »Hüttig-Pfad« in der Nähe des Gefängnisses Plötzensee den ermordeten Kommunisten geehrt.

Jan Petersen (1906–1969) schrieb außer »Unsere Straße« (1936) u. a. »Sache Baumann und andere« (1939), »Und ringsum Schweigen« (1940), »Die Bewährung« (1970).

RESTLOS DEGENERIERTE UND WAHNSINNIGE

Berlin, die sachliche Stadt, und eine Boheme? Ja, eine solche Gemeinschaft hatte sich am östlichen Stadtrand etabliert. Ihr Chronist ist Stanislaw Przybyszewski, von Strindberg »der geniale Pole« genannt, seine deutschen Freunde riefen ihn »Stako«. Der im Posenschen, wo »schamlose Verpreußung« herrschte, als Sohn eines Dorflehrers zur Welt gekommene, wird aufs deutsche Gymnasium nach Thorn geschickt, dort verhöhnt man ihn wegen seiner schlechten Aussprache. Dann erhält er ein Stipendium für ein Medizinstudium in Berlin. Hier lebt er mit Unterbrechungen von 1889–98. Als das Stipendium ausbleibt, schlägt er sich durch, indem er für ein Büro arbeitet, das dummen, aber reichen Studenten Doktorarbeiten anfertigt. Da er polnische Sozialisten unterstützt, wird er mehrfach verhaftet und eingesperrt. Endlich jagt ihn der große Virchow von der Universität. Er wohnt bei einem immer betrunkenen Steinträger im Wedding, »ein Stübchen, wo mit Not und Mühe, Tisch, 2 kleine Stühle gestellt« werden können, »das Bett hart wie eine Gefängnispritsche«. Als der bekannte Kritiker Servaes zu Besuch kommt, um ihm mitzuteilen, daß sein erstes Buch über Chopin und Nietzsche, deutsch geschrieben, 1892 bei Friedrich Fontane verlegt wird, stöhnt er: »Ich sehe diese Gegend zum ersten und letzten Mal.« Przybyszewski schließt sich der Berliner Boheme an, die sich im »schönen Friedrichshagen eingenistet hat, das eingebettet in ausgedehnten, schönen Kiefernwäldern« liegt, so daß man »jedes Haus für eine Försterei halten konnte«.

Die Künstler leben »in rückhaltlosem Kommunismus«, es gibt untereinander große Solidarität, denn »die Not der Friedrichshagener war sprichwörtlich«. Bei Treffen kommt man aus mit »ein paar Flaschen Bier, einer Flasche ›Nordhäuser‹, ein bißchen Aufschnitt, den jeder mitbrachte, sofern er Geld hatte«. Es waren »Armselige, aber ohne lächerliche Fesseln«. Doch die Bürger sahen sie als gefährliche Anarchisten an, »die deutsche Bourgeoisie hatte panische Angst vor den verrückten Umstürzlern«. Und man verriß oder verschwieg ihre Arbeiten.

Przybyszewski zeichnet eine Galerie der Gruppe: Peter Hille, der kein Hemd besaß, sondern seine Papiermanschetten, die er voll Verse kritzelte, mit einer Schnur um den Hals trug, und der von sich sagte, daß er in den dreißig Jahren seines Lebens noch keine 200 Mark verdient habe. Oft fiel er in ein Hungerdelirium. Paul Scheerbart, immer mit leerem Magen, nach ein paar Gläschen »tagelang im Rausch«. Richard Dehmel, Schlaf und Arno Holz, die Brüder Hart, Bölsche gehören dazu. Auf Gerhart Hauptmann ist »Stako« nicht gut zu sprechen, weil der den Kreis verließ und sich distanzierte, als er Erfolg hatte.

August-/Ecke Tucholskystraße, 1992

Die damals »restlos Degenerierten und Wahnsinnigen« sind längst in die deutsche Literatur eingemeindet und als »Friedrichshagener Dichterkreis« von allem Anrüchigen befreit. Sie beherrschen sogar heutzutage die Friedrichshagener Straßennamen. Nur Przybyszewski fehlt. Dieser Dichter und Pianist, der Chopin seinen Freunden mit Ellbogen und Fingerknöcheln spielte, ging nach

Polen zurück. Dort hielt man ihn anfangs, weil er aus Not Deutsch schrieb, für einen »Renegaten«. Seine Bekenntnisse und Beobachtungen erschienen 1985 unter dem Titel »Ferne komm ich her«. Berlin war ihm ein Greuel, er bekam, so schreibt er, hier eine Neurose, von der er noch Jahrzehnte später befallen war. Im nachhinein stellt er fest: »Der deutschen Literatur verdanke ich nicht das geringste.« Und er schäme sich, daß er einst eine gewisse Rolle hier gespielt hatte. Julius Bab 1904 in seiner Darstellung der Berliner Boheme: »Przybyszewski hat eigentlich die letzte Berliner Boheme großen Stils geschaffen.«

Stanislaw Przybyszewski (1868–1927) schrieb außer den Memoiren »Ferne komm ich her« (1926/30) u. a. den Essay »Zur Psychologie des Individualismus« (1892), die Romane »Satanskinder« (1897), »Homo sapiens« (1897), »Das Gericht« (1909).

DIE NAMEN DER ALTEN GASSE

Als der Krieg 1940 Deutschland noch nicht voll erreicht hatte, brachte der Maler Otto Nagel einmal ein Buch nach Hause und las Tage und Nächte darin: »Die Chronik der Sperlingsgasse«. – »Und dann war er fort … die Sperlingsgasse zu malen. Das Bild war nach 2 Tagen fertig«, so Wally Nagel, die Frau des von den Nazis verbotenen Malers. Das Bild ist neben vielen schönen Pastellen und Ölbildern im Band »Berliner Bilder« des Henschel Verlages 1970 zu sehen. Bald darauf sank alles in Schutt und Asche; auch die Sperlingsgasse 10 mit ihrer winzigen Kneipe »Raabediele«, zwei Tische vor der Theke; das letzte »Verkehrslokal« Heinrich Zilles wurde schwer beschädigt und später abgerissen.

Die 100 Schritte lange Gasse hatte einst Spreegasse geheißen, wohin sie auch führte. Dann, um 1880, wollte niemand mehr in »Gassen« wohnen, sie wurde in Spreestraße umbenannt, was von ihrer Enge und Winkligkeit nichts wegnahm. Im September 1931 erhielt sie den Namen Sperlingsgasse, den sie immer noch hat: die eine Seite weißer Neubau, die andere läßt durch einen martialischen Zaun auf Bäume und Rasen blicken. Dieser neue Name war eine seltene Huldigung: sie galt dem 100. Geburtstag Wilhelm Raabes, Verfasser des 1854–55 auf mürbem Papier – das er aus Zigarrenkisten herausgerissen hatte – geschriebenen Romans »Die Chronik der Sperlingsgasse«.

Raabe war als junger, fast mittelloser Student nach Berlin gekommen und hatte sich in der Spreegasse 11 beim Schneider Wuttke, der auch als Hilfstafeldecker am Hof tätig war, einquartiert. Das Leben zwischen Arbeitern, Handwerkern und Intellektuellen in dieser Gasse regte Raabe zu seinem Erstling an, den er vorsichtshalber unter dem durchsichtigen Pseudonym Jakob Corvinus (= Rabe) und mit den vom Verleger geforderten 50 Talern Druckkostenzuschuß veröffentlichte.

Der Privatgelehrte Wachholder, seine Haushälterin Martha, der Journalist Wimmer und andere hilfreiche Menschen der Gasse ziehen das Waisenmädchen Elise auf. Deren heiteres Wesen überglänzt »die feuchten schwarzen Wände«. Mit Elise und durch sie werden die Menschen, wenn nicht gebessert, so wenigstens gemildert. Diese Berliner Käuze mag der junge Schriftsteller, der sich in der »Chronik« als »einsamer alter Mann« verkleidet. Doch macht er auch deutlich, daß die alten Jungfern oft die Bräute der Gefallenen aus den Befreiungskriegen sind und die Hagestolze jene Demokraten, die in der Restaurationszeit ausgemustert oder verfolgt wurden. Der Journalist Wimmer wird wegen einer politischen Lappalie aus der Stadt gewiesen und muß sich verstecken. Polizeikommissarius Stulpnase (!) läßt sich nicht von Tränen und Bitten aufhalten: »Jotte, einer armen Witfrau ihren besten Mieter abzutreiben, is das in Ordnung, Herr Kumzarius?«

Wie hell auch Elise lacht und wie schön ihre Liebe zum Nachbarssohn, dem Maler Gustav Berg, aufblüht, die Zeit geht ihren eisernen Schritt: Der Chronist Raabe-Wachholder betritt zum erstenmal die »dunkle Kellerwohnung« des Schuhmachers Burger, als der in bitterster Not mit seiner Familie nach Amerika auswandert. Die ganze Sperlingsgasse nimmt Anteil.

»Ich liebe in großen Städten diese älteren Stadtteile mit ihren engen, krummen, dunklen Gassen.« Raabe freute sich am Zauber des Alten und blickte nicht achtlos vorbei an Sorge und Kummer, die darin hausten.

Nur wenige Jahre lebte der Schriftsteller in Berlin, doch kehrte er in seinen Büchern immer wieder dahin zurück, im »Hungerpastor« oder in den »Akten des Vogelsangs« etwa. Er starb 1910 in Braunschweig. Um sein einst so populäres Werk, das ihn neben Fontane und Storm stellt, die seinerzeit gleich ihm in der Stadt gelebt hatten, ist es stiller geworden. Die Bronzetafel am Haus der Sperlingsgasse hat ebenfalls der Krieg vernichtet. Auf diese Weise an seinen Dichter zu erinnern, ist Berlin nicht mehr in den Sinn gekommen. Raabestraßen sind in Lichterfelde und im Prenzlauer Berg zu finden.

Wilhelm Raabe (1831–1910) schrieb außer »Die Chronik der Sperlingsgasse« (1857) u. a. »Der Hungerpastor« (1864), »Der Schüdderump« (1870), »Stopfkuchen« (1891), »Die Akten des Vogelsangs« (1896).

MAUERJUNGEN UND GÄNSEJUNGEN IN DER FALLE

Der Begriff Sensationsschriftsteller ist keine moderne Erfindung, mit diesem Namen bezeichnete 1874 der auf der Festung Hubertusburg einsitzende August Bebel seinen Besucher Gustav Rasch. Die Titel seiner Bücher »Die dunklen Häuser Berlins« oder »Berlin bei Nacht« deuten darauf hin, daß es finster sein muß, wenn das Verbrechen umgeht und des Konstablers Sterne strahlen. Der Autor begleitet, jedenfalls gibt er das vor, gern die Polizei bei nächtlichen Streifzügen und Razzien. So die um 1870 vom Polizeigebäude am Molkenmarkt 1 in die herbstliche Hasenheide hinaus.

Die Hasenheide mit ihren 300 Einwohnern, einst vor der Stadt, war lange Schießplatz und Vergnügungsort. Die »Neue Welt«, um 1900 erbaut und als Baudenkmal geschützt, ist ein kleiner Rest davon. Hasenheide, das bedeutete seinerzeit wirklich Wald und gen Südwesten Hügel, Ausläufer des Teltow. 250 Mann und 50 Reiter sind aufgeboten, die sich in getrennten Kolonnen zum Kampfplatz bewegen. Der Autor fragt ironisch den Befehlshaber, ob denn Aufstände drohen oder Unruhen ausgebrochen sind, aber er hört, daß man »Vagabunden und Diebesgesindel« fassen will. Um die dortige »Schießstätte für Infanteriegewehr« stehen viele hölzerne Schuppen und Baracken, hier wird die erste Bande aufgespürt. Jedoch, »es waren obdachlose Familien aus dem Köpenicker Viertel«. Der Verfasser weiß, daß »Armut und Arbeitslosigkeit sie dahingebracht hatten, nicht das Verbrechen«. Wie den eben verhafteten Maurergesellen, der seit mehreren Monaten arbeitslos, ohne Geld und Quartier ist. Die sozialen Ursachen lagen im rasenden Wachstum der Stadt auf 825.000 Einwohner und im fehlenden Wohnraum. Rasch weist darauf hin, die Leute hätten Unterkunft im Arbeitshaus oder Polizeigewahrsam finden können, »aber die Berliner Notleidenden und Armen haben gegen beide Zufluchtsstätten einen besondern Widerwillen«, was verständlich ist.

Die Gruppe wird zum Sammelplatz eskortiert, und es geht weiter bergauf ins Gebüsch zu neuen Verstecken. Man stöbert nun wirkliche Ganoven auf, »Mauerjungen« und »Gänsejungen«. Die ersten sind gut organisiert und schnell mit dem Messer bei der Hand; sie arbeiten als Schlepper, Diebe, Einbrecher und Zuhälter. Sie heißen so, weil sie in der engen Gasse hinter der Königsmauer hausen – etwa südlich des Alexanderplatzes –, einem Hurenviertel, das Ende der achtziger Jahre des vorigen Jahrhunderts abgebrochen wurde. Die »Gänsejungen« stehlen den Bauern auf belebten Märkten Gänse und Hühner.

Als der Schriftsteller die vielen Kinder unter den Aufgegriffenen fragt, woher sie sind, antworten sie, daß sie aus umliegenden Dörfern stammen und in der Stadt Blumen und Früchte verkaufen – und ein bißchen stehlen. Sie schlafen bei erträglichem Wetter im Freien, kehren dann in ihr Dorf zurück, und der Kreis schließt sich von neuem. Insgesamt werden bei der Razzia 100 Menschen verhaftet und marschieren scharf bewacht zum Polizeiquartier.

Linienstraße, 1993

Paul Thiel hat den fast vergessenen Gustav Rasch neu entdeckt und dessen Reportagen unter dem Titel »Berlin bei Nacht« 1986 herausgegeben. Er hat auch detektivisch die verwischten Spuren Raschs verfolgt. Vieles bleibt in dessen Lebenslauf ungeklärt. Jedenfalls hat er an der Revolution 1848 in Berlin teilgenommen und war in seiner Wohnung Stadtschreiberstraße verhaftet worden. Er entkam über die Schweiz und Paris nach London. Von dort kehrte er 1850 als »Moritz Rabe« nach Berlin zurück und wohnte illegal Neue Grün-/Ecke Wallstraße, wurde erwischt und eingesperrt. Obwohl er später viel veröffentlichte, weiß man beinahe nichts über Aufenthalt und Schicksal, so der akribische Herausgeber. Dronke bezeichnete Rasch in einem Brief an Engels als »Renommist und Bummler«, dessen Aktivität man nutzen müsse, aber Distanz zu ihm halten solle.

Gustav Rasch schrieb die Reportagen »Berlin bei Nacht« und »Die dunklen Häuser Berlins«.

DAS BLUTIGE FINALE BERLINS

Das pechschwarze Buch mit der blutroten Schrift auf dem Titel zeigt die 100.000 an, geschrieben war es Dezember 1945 bis März 1947. Der Rauch des Krieges hing immer noch in den Straßen, Trümmer bedeckten die Stadt, der Hunger wühlte – was trieb die Leser so zu diesem Berlin-Roman?
Wohl die Suche nach den anderen Helden, nach jenen, die sich im Unterschied zu den Lesern widersetzt hatten, und sie fanden im Buch eine Gruppe, die entschlossen arbeitete und kämpfte. Man überlas die papiernen Dialoge, die ausschweifenden Kommentare, übersah die Leichtfertigkeiten der Illegalen. Es war ein so idealer Widerstand geschildert, daß man mit ein wenig Glück und Mut hätte dabei sein können. Hätte! Zusätzlich bekam der Leser die genaue Dokumentation der Kämpfe um den Berliner Osten geliefert. Und gerade dies macht das Buch wieder lesenswert.
In der »Straße am Schlesischen Bahnhof«, heute eine leere Trasse, befand sich die Kneipe des urwüchsigen Wirts Oskar Klose, die Zentrale der Gruppe. Nebenan

die fast dörfliche Lange Straße, wo Schuster Voigt alias Hauptmann von Köpenick sich verbarg, die Kleine Andreasstraße, wo Zille als Neunjähriger seinen Berliner Einstand gab, Markus-, Blumenstraße, Große Frankfurter ... Schauplätze der Treffs, Aktionen, Flucht vor Gestapo-Agenten. Doch überall »nur ausgebrannte, zerstörte, gesprengte Häuser«.

Die Weberwiese, »ein typischer Armeleuteplatz«, kaum Strauch und Baum, jetzt von Splittergräben durchpflügt. (Bewußt baute man gerade hier in Ostberlin die erste Häuserzeile nach dem Kriege auf sowie das »Hochhaus an der Weberwiese«. Brecht gab den Haussegen: »Friede in unserem Lande! Friede in unserer Stadt! Daß sie den gut behause, der sie gebauet hat!« Der Aktualität wegen ist die Inschrift kaum noch lesbar.) Der Küstriner (jetzt Franz-Mehring-)Platz wird zur Festung vor dem Stadtzentrum. Das Buch gibt die Topographie der Panzersperren, Pakstellungen, Feuernester letzter sinnlosester Kämpfe.

Der heutige Spaziergänger vor dem großen Neubaublock, in dem viele Jahre die Redaktion »Neues Deutschland« residierte, stockt suchend vor der architektonisch dürren Hausfront: da steht er eigentlich vor der alten »Plaza«, dem große Vergnügen des kleinen Mannes: »Kastner läßt auf der Bühne einen Elefanten verschwinden«, Jongleure werfen ihrer Reifen, Rudi Schuricke singt schmalzig-schmelzende Lieder. Der nutzlos gewordene Ostbahnhof (inzwischen war der Schlesische Bahnhof gebaut worden) mit Schinkelscher Vorderseite war seit Ende der Zwanziger »Volks-Varieté«, Eintritt zwischen fünfzig Pfennige und zwei Mark fünfzig. Nun wird die Plaza Hauptquartier und Kaserne der SS, die hier, unterstützt von einigen verzweifelten Volkssturmmännern und versprengten Soldaten, den Küstriner Platz zur Rundumverteidigung ausgebaut hat. Ein paar letzte Panzer, die Rohre ostwärts gerichtet. Die Zugänge in die Frucht- (jetzt Straße der Pariser Kommune), Rüdersdorfer, Müncheberger, Königsberger Straße (jetzt Fredersdorfer Straße) und zum Braunen Weg (nun wieder Singerstraße) sind durch Panzersperren blockiert. Pakgeschütze überall, drei Vierlingsflak stechen ihre Rohre in die Luft.

Bezahlt hat diese schon durch Bomben schwer angeschlagene Gegend diesen Wahnsinn mit ihrem endgültigen Ruin. Nur das Café »Plaza« an der Ecke Rüdersdorfer erinnert an die alte Zeit; selbst mit ihrem Namen ausgelöscht die Müncheberger, einst Berlins so kinderreiche Straße. Und nur der Platz selbst hat viel von seiner alten Gestalt behalten, seiner riesigen Platane sind die Kriegsnarben verwachsen.

Der Autor des Buches »Finale Berlin« heißt Heinz Rein. Er war kein großer Schriftsteller, wohl mehr ein fleißiger Publizist. Sein Roman wurde verschlungen, bekam aber auch Kritik von jenen, denen der Widerstand noch nicht ideal genug beschrieben war. Auch anderes, mehr literaturgeschichtlich Verfaßtes wurde scharf hergenommen. Heinz Rein ging fort. Er hat dann noch geschrieben, ein Wurf wie »Finale Berlin« ist ihm nicht mehr gelungen, er war von der Wurzel losgerissen und hat das wohl nie verwunden.

Heinz Rein schrieb den Roman »Finale Berlin« (1945/47).

ILSE, EIN BLÖDES KIND?

Mit dem Kapitel »In Berlin« beginnt Ludwig Renns historischer Roman »Auf den Trümmern des Kaiserreichs«. Berlin, das ist zuerst ein Proletarierviertel, sind Mietskaseren; dort wohnen »die Holzen«, eine Kriegswitwe, und ihre 13jährige Tochter Ilse, die – psychologisch fein beobachtet –, immer an falscher Stelle lacht, selbst bei Todesnachrichten. Sie wird deshalb für »blöd« gehalten. Dort lebt auch der alte Behrend, der die Holzen eines Tages bittet, einen desertierten Matrosen zu verstecken. Dieser Hein wirft sich in die Vorbereitung der Revolution; und Ilse beteiligt sich, gegen den Willen Heins und unter den Ängsten ihrer Mutter. Die Handlung weitet sich nach Spaa ins Kaiserhauptquartier, nach Frankreich und ins Baltikum aus, führt eine Galerie von Offizieren vor, darunter die »von der Duba«, kehrt aber immer wieder nach Berlin und zu Ilse zurück.

Die wird Zeuge der Kämpfe und sieht die Opfer. Das Begräbnis für Karl Liebknecht und Rosa Luxemburg und die anderen Ermordeten beschließt den Roman.

Renn hat Berliner Typen geschaffen, die dem Roman kräftige Farben geben. Man fragt sich, wie konnte Renn, der als Arnold Vieth von Golßenau im sächsischen Hochadel aufwuchs und vor allem in Offizierskreisen verkehrt hatte, so gut das Milieu bis in die Treppenhäuser der Armen mit ihrem Geruch nach Weißkohl treffen? Er war 1929 aus der eleganten Charlottenburger Mommsenstraße nach Alt Stralau 70 gezogen. Ihn trieben nicht Geldsorgen ins Proletarierviertel Friedrichshain; mit »Krieg« hatte er gerade einen Welterfolg errungen. Renn wollte dort wohnen, wo nach seiner Überzeugung die Menschen lebten, denen er sich zugehörig fühlte.

Stralau war ein altes slawisches Fischerdorf, Ort des Stralauer Fischzugs, des größen Berliner Volksfestes. Als Stralow, wie es nach Entstehen des Amtsbezirks Stralau 1891 weiterhin hieß, noch weit vor den Toren lag, zog 1837 der überarbeitete 19jährige Student Karl Marx her, mietete sich in der Nummer 11 beim Gastwirt und Fischer Köhler ein und erholte sich gut.

Eine besondere Attraktion Stralaus, das sich nicht zu seinem Vorteil in einen Industrieort verwandelt hatte, war der Tunnel unter der Spree, vom Ende der Halbinsel hinüber nach Zenner. Man konnte seit 1899 mit der Straßenbahn vom Schlesischen Bahnhof bis nach Treptow fahren, gruselnd durch die fast 600 Meter lange Röhre, an der tiefsten Stelle 12 Meter unter dem Wasserspiegel. Die Arbeiten am Tunnel waren wegen des eiszeitlichen Schwemmsandes und des Sumpfes schwierig, davon weiß neuerdings auch der Neubau einer »Spreeresidenz« in Stralau ein Lied zu singen. Auch diese Merkwürdigkeit der Stadt, der Tunnel mit der Straßenbahn, die Renn oft benutzte, fiel dem Krieg zum Opfer.

Das Haus Nr. 70, in dem Renn bis zu seiner Verhaftung in der Nacht des Reichstagsbrandes wohnte, steht noch. Es war in der Nähe der Bahnbrücke und der Stralauer Allee sicher nicht sehr ruhig; aber damals gab es die Elsenbrücke noch nicht, die erst nach dem Krieg errich-

tet wurde, so hielt sich der Stadtlärm in Grenzen. Die trübe Gestalt der Mietskaserne ist nicht zu übersehen, auch wenn heute ein Bistro mit knalliger Farbe Haus und Umgebung aufmuntern will.
Renn kehrte nach Haft, Krieg in Spanien als Offizier der Internationalen Brigaden und Emigration in Mexiko nach Dresden zurück, übersiedelte dann wieder nach Berlin, wo er in einem Einfamilienhaus in Mahlsdorf, mit schönem Blick ins Tal nach Köpenick hinüber, bis zum seinem Tode lebte und schrieb.

Ludwig Renn (1889–1979) schrieb außer »Auf den Trümmern des Kaiserreichs« (1961) u. a. die Romane »Krieg« (1928), »Nachkrieg« (1930), »Adel im Untergang« (1944), die Autobiographie »Meine Kindheit und Jugend« (1957).

KLETTERN AN DER WEDDINGER WAND

Als im letzten Drittel des vorigen Jahrhunderts Berlin sich gewaltig ausdehnte und die Bevölkerungszahl explodierte, nahm auch die Zahl Lesefähiger und -williger enorm zu und damit die der Schriftsteller, Zeitschriften, Verlage, Bücher. Wer etwas Begabung besaß, Organisationstalent dazu und vielleicht auch ein wenig Korruptionsvermögen, konnte zu Ehren und Vermögen kommen. So Julius Rodenberg, der sich nach seiner Heimatstadt in Kurhessen nannte. Seit 1862 lebte er in Berlin und wohnte bis zu seinem Tode in der Margaretenstraße am Tiergarten. Er verfaßte viele Romane, Gedichte, Reiseberichte und gründete 1874 die »Deutsche Rundschau«,

eine langlebige, einflußreiche literarische Zeitschrift. Theodor Fontane: »Mit meinem Freunde Rodenberg, trotzdem ich ihm – sehr gegen meine Natur und Meinung – die Cour gemacht habe, weil ich sein Journal für sehr gut und ihn selbst für einen guten Redakteur halte, habe ich nie auf einen grünen Zweig kommen können.« Rodenberg in seinem Tagebuch: »Die ganze schriftstellerische Arbeit« Fontanes sei ihm »nie recht symphatisch geworden«. So ließ er einen der schönsten Berichte der »Wanderungen«, »An Bord der ›Sphinx‹«, zwei Jahre (!) in seiner Schublade liegen, ehe er ihn druckte.
Rodenbergs Arbeiten sind vergessen, lesbar allein seine in mehreren Bänden erschienenen Feuilletons »Bilder aus dem Berliner Leben«. Als Frühaufsteher und kräftiger Fußgänger durchstreifte Rodenberg die Stadt und brachte manchen originellen Eindruck mit. Im Mai 1884 zog es ihn in den Humboldthain des Berliner Nordens. Zum 100. Geburtstag Alexander von Humboldts begründet, wurde der Park 1876 dem Publikum übergeben. Er war die kleinste der Berliner Grünflächen: der Tiergarten umfaßte 200, der Friedrichshain 50, der Humboldthain nur 35 Hektar. Der Gartenarchtitekt Gustav Meyer, Meisterschüler Lennés, schuf den Hain auf einem Hochplateau und gestaltete ihn zu einem botanischen Schmuck- und Lehrstück im Sinne des Namensgebers. Noch Anfang unseres Jahrhunderts wird er in Reise-führern neben dem Victoria-Park auf dem Kreuzberg als »Sehenswürdigkeit« aufgeführt.
Der Park wurde besonders von den Arbeitern und ihren Familien aus den umliegenden großen Fabriken ange-

nommen. Um die Mittagsstunde entdeckt Rodenberg »manch anmutige Scene«: Die Frauen bringen mit ihren Kindern den Männern das Essen in Körben, das die Arbeiter, auf den Bänken sitzend, verzehren. »Dicke Suppe, Pflaumen mit Klößen, Kohl und Kartoffeln, Fleisch ist nicht darin.« Später wird Rodenberg die Idylle selbst verdächtig: Bei Beginn des Feierabends spaziert er wieder umher und sieht diese Arbeiter zur Brunnenstraße ziehen: »Übermüdung« und »verdrossen dreinschauende Frauen« entdeckt er nun. Die AEG hatte nebenan ein riesiges Areal inne, dabei auch ein Stück Hain abgeschnitten; heute erinnert in der Brunnenstraße ein mosaikverziertes Tor, nur den Beamten vorbehalten, an den erloschenen Ruhm.

Später geriet der Humboldthain in Existenznot: 1940 befahl Hitler seinem Leibarchitekten Speer Flaktürme gegen die englischen Luftangriffe zu errichten, waffenstarrende Betonriesen. Der große Turm im Humboldthain stand auf einer Fläche von 80 mal 80 Metern!

Die von Rodenberg bewunderten ausländischen Bäume und Sträucher, die Rabatten und Beete wurden schwer beschädigt. Bombenkrieg und Erdkämpfe vernichteten anscheinend den Park endgültig, der Rest wanderte in die Öfen frierender Berliner.

Während die anderen Berliner Flaktürme gesprengt wurden, widerstand der im Humboldthain und wurde bis zum Jahr 1952 zugeschüttet. So entstand ein Berg mit Plattform, von der man bei gutem Wetter weit über die Stadt blicken kann. Eine übriggebliebene Steilwand dient dem Alpenverein zum Training für Matterhorn oder Dachstein. In den Katakomben des Bunkers ent-

deckte man Neonazi-Gruppen, die sich nach Kriegshelden und SA-Führern nennen. Sie besiedeln den dunkelfeuchten Ort des Untergangs und rufen ihn damit erneut in Erinnerung. Das Symbolische daran wird ihnen in ihrer Verbohrtheit nicht aufgehen.
Bäume und Sträucher des Humboldthains wuchsen nach, Sommerbad und Rodelbahn sind begehrt. Die nach dem Gärtner benannte Straße, bei Rodenbergs Besuch durchschnitt sie noch den Park, begrenzt ihn heute und ist an Wochenenden berühmter Trödelmarkt. Arbeiter gibt es in der Gegend kaum noch. Wie zu Julius Rodenbergs Zeiten sind vor allem die Kinder in dem Park anzutreffen – und die Hunde, von denen in seinem Feuilleton nichts steht, sie müssen sich inzwischen erheblich vermehrt haben.

Julius Rodenberg (1831–1914) schrieb außer »Bilder aus dem Berliner Leben« (1885–89) u. a. »Alltagsleben in London« (1860) sowie Feuilletons und Reiseberichte.

ARMENIERPSYCHOSE IN DER STADT

Bei Joseph Roth denkt man sofort an den großartigen Roman »Radetzkymarsch«, an Wien, und vergißt, daß er von dem Österreicher in »Mampes Gute Stube«, Ku'damm 14/15 geschrieben wurde. Heute befindet sich dort das Restaurant einer Kette, »seine« Stube jedoch hat man im alten Stil belassen. Roth lebte lange in Berlin, ja, er hatte hier das einzige Mal eine feste Bleibe in der Potsdamer Straße. Aber es trieb ihn wieder in die Hotels, wo er stets mit zwei Koffern einzog: »Wie andere Männer zu Heim und Herd, zu Weib und Kind heimkehren, so komme ich zurück zu Licht und Halle, Zimmermädchen und Portier.« Viele seiner Reportagen, Feuilletons, Essays sind 1984 im »Berliner Saisonbericht« (Kiepenheuer & Witsch) ediert.

Da sind 1922 zum Beispiel zwei Männer erschossen worden, Freunde des türkischen Innenministers, der verantwortlich für den Völkermord an den Armeniern war. Roth sucht den Tatort Uhlandstraße 47 auf. Die Täter sollen Armenier sein, eine »Armenierpsychose« ist ausgebrochen. Die Portiersfrauen sehen in jedem russisch-jüdischen Hausbewohner einen Armenier, und viele russische Juden wohnen hier. »Auch Türken hält man für Armenier. Chinesen und Javaner erwecken den größten Verdacht.« Roth stellt sich zur gaffenden Menge und notiert die Gespräche: »Diese Armenier – sagte eine Zeitungsfrau, es war, als sagte sie: Diese Erbfeinde! Sie sollen zu Hause schießen – in Sarajewo, sagte ein Milchmann. Und der Polizist nickte ...

Was sind denn das, Armenier? sagte ich. Det wern so Zijainer sint! kam irgendeine Antwort. Aber im nächsten Augenblick musterten mich vier, sechs, acht Augen so mißtrauisch, daß ich fürchtete, für einen Armenier gehalten zu werden.« Da gruselt es einen beim Lesen; und es ist schlimm, daß solche ebenso dummen wie gefährlichen Argumente schon vor siebzig Jahren in Berlin durch die Gespräche geisterten.

In einer anderen Skizze, 1924 verfaßt, will Roth das Gedächtnis Walther Rathenaus ehren. Er, der über den Prozeß gegen dessen Mörder als Berichterstatter für das »12 Uhr Blatt« tätig war, ging ins Rathenauhaus, in die

Koenigsallee, »in die Mörder-Allee«. Rathenaus Haus sollte ein Museum werden, »aber die Besucher fehlen. Nur Ausländer haben manchmal das Bedürfnis, das Rathenauhaus zu sehen.« Es war auch nicht leicht, eine Erlaubnis zu erhalten, der »Reichskunstwart« erteilte sie – Edwin Redslob, der später »den Sieg der nationalsozialistischen Bewegung« feierte. – Man mußte also das Innenministerium aufsuchen, und wer wollte diesen Weg machen? »So steht das Rathenaumuseum still, verschlossen, mit herabgelassenen Jalousien.« Ein Diener bewacht das Haus. Er stellt jeden Tag Rosen auf den Schreibtisch des Toten. Neben den Rosen sieht Roth eine Bibel liegen, mit griechischem und deutschem Text. »Auf einem Tisch sah ich das alte Weißenfelsische Gesangbuch und den jüdischen ›Schulchan Aruch‹ liegen, das Gesetzbuch der Juden in der Diaspora. Er war wirklich ein Weiser von Zion, Walther Rathenau.«

An der Attentats-Stelle steht ein Gedenkstein, errichtet 1946 von der LDPD. Das Haus beherbergt einen Fachbuchverlag.

In Bad Freienwalde, in einem alten, von Gilly erbauten Schloß, das Rathenau besaß, ist ein Museum für ihn eingerichtet. Sein beeindruckendes Grab auf dem Waldfriedhof in der Wuhlheide, dessen Gelände der Vater Emil Rathenau der Stadt schenkte, ist vor einiger Zeit geschändet worden. Joseph Roth hatte 1932(!) gesagt: »Es ist Zeit, wegzugehen. Sie werden unsere Bücher verbrennen und uns damit meinen.« Am 30. Januar 1933 floh Roth aus Berlin und ging nach Paris. Am Sinn des Widerstands zweifelnd, arm, einsam, in der kleinen Kammer eines Hotels, trank er sich zu Tode. Mit 45

Jahren starb er 1939, vor Ausbruch des Krieges, in einem Armenhospital.

Joseph Roth (1894–1939) schrieb außer den im Band »Berliner Saisonbericht« (1984) versammelten Reportagen, Feuilletons und Essays u. a. »Hotel Savoy« (1924), »Hiob« (1930), »Radetzkymarsch« (1932), »Beichte eines Mörders« (1936).

IM »SCHWARZEN FERKEL« FEIERN UND DENKEN

Im Jahr 1890 saßen sie wieder einmal zusammen, Dehmel, Bierbaum, der Pole Stanislaw Przybyszewski, den sie den »blutigen Psychologen« nannten. Der blätterte in seinen Kollegheften; der junge Arzt Carl Ludwig Schleich rief plötzlich aufgeregt: »Mensch, die Neuroglia ist ein Klaviersaitendämpfer ... ein Registerschaltapparat, ein Hemmungsregulator.« Sie stürzten nächtens in ihr Institut zum Experiment: die örtliche Betäubung, die Lokalanästhesie, Segen von Millionen, war geboren. 1894, als der junge Arzt seine Entdeckung auf einem Chirurgenkongreß vortrug, jagten ihn die 800 Mediziner hohnlachend davon.

Carl Ludwig Schleich, Sohn eines wohlhabenden Stettiner Arztes, lebte in verständnisvoller Familie. Als er zum Medizinstudium nach Zürich geschickt wurde, besuchte er kein Kolleg, sondern »suff« mit dem ihm bis dato unbekannten Gottfried Keller, der ihm erzählte, was er von seinen Dichterkollegen hielt: Beim Berliner Verleger Duncker war eine Gesellschaft, eingeladen: Lindau, Spielhagen, Heyse und andere. Keller habe man plump gefragt, was er von der Berliner Literatur halte. »Weischt, was ich gemacht hob?« fragte Keller stud. Schleich. »I bin ussi go, sah uff'm Flur all di Zylinderhüet von selle Poeten und hob sie aufgetrieben! Damit bin i furt – uff Nimmawiedersehn.«

Schleich sang gut, spielte Cello, malte, hatte schauspielerisches Talent, und wenn nicht sein Vater von unglaublicher Liberalität gewesen wäre, hätte alles oder nichts aus dem Jungen werden können. Der Vater kam und paukte mit ihm für die medizinischen Examina. Schleich zog nach Berlin in die Schumannstraße 15 und assistierte in der engen Ziegelstraße, deren Gebäude noch heute die große medizinische Vergangenheit ahnen lassen, bei Prof. v. Langenbeck, v. Bergmann und Virchow, den Besten der Berliner Medizin, und eröffnete dann am Belle-Alliance-Platz 1889 seine Privatpraxis.

Die innigen Beziehungen zur Boheme behielt er bei. Besonders zum skandinavischen Teil, der sich im Lokal »Zum schwarzen Ferkel« bei Julius Türke in der Neuen Wilhelmstraße traf; den Namen gab »ein gefüllter bessarabischer Weinschlauch«, der am Pfosten der Eingangstür pendelte. Hier pokulierten Ola Hansson, der Maler Munch, Knut Hamsun und Strindberg. Mit Strindberg verband Schleich innige Freundschaft. Jener nahm nur ihn von seinem Mißtrauen und Verfolgungswahn aus. Bei einem der debattenreichen Kneipabende zweifelte Strindberg die Erdkrümmung an, man beschloß ein wissenschaftliches Experiment in der hellen Sommernacht. Ein alter zerfaserter Besen wurde aufgetrieben, und man wanderte zur Friedrichstraße. Otto Hartleben wurde zur Leipziger geschickt und sollte hier in der Mitte des

Fahrdammes den Besen aufpflanzen. Strindberg und Schleich legten sich auf den Fahrdamm und peilten den fernen Besen an. Aber die preußische Polizei war sofort zur Stelle und befahl, sich davonzuscheren. Unter großen Mühen gelang es, den Schutzmann vom Wert des Experiments zu überzeugen, und er wollte sich gerade zu ihnen legen, da erschien Hartleben, dem die Sache zu langweilig geworden war.

»Besonnte Vergangenheit« nannte Schleich seine Lebenserinnerungen, 1922 bei Rowohlt erschienen. Es wurde ein riesiger Bucherfolg; denn immer – und in jener Zeit besonders – sehnte man sich nach besonnter Vergangenheit, nicht nach ihren Schatten und Stürmen. Schleichs Dasein mit seinen vielen Talenten und Interessen wurde beileibe kein geniales Bummelleben. Als praktizierender Chirurg fand er neben der Lokalanästhesie auch die antiseptische Wirkung von Marmorseife, befaßte sich mit der wieder aktuellen Heilwirkung von Bienenwachs und Propolis und dachte über die Reflexzonen unserer Fußsohlen nach. Boheme kann köstlich sein, besonders, wenn sie mitten im Rausch zu ernsten Entdeckungen treibt. Das sagt mit Dank der Schreiber seinem Professor, der ihn auf Carl Ludwig Schleich hinwies!

Carl Ludwig Schleich (1859–1922) schrieb die Lebenserinnerungen »Besonnte Vergangenheit« (1922).

EIN JUNGE KÄMPFT UM SEINEN VERRÜCKTEN FREUND

Wolfdietrich Schnurre, der im Stadtbezirk Weißensee aufwuchs, hat in einer Erzählung Geschehnisse in der Wörthstraße, heute Smetanastraße, und Berliner Allee beschrieben. In der Wörthstraße, gegenüber dem katholischen Friedhof, befindet sich eine Anstalt für Geisteskranke. Wenn die Pfleger sie ausführen, hagelt es Beschimpfungen, denn der Anblick der »Irren widerspricht dem gesunden Volksempfinden«, und zusätzlich sind die Kranken Juden. Jungen aus der Gegend kommen nach dem Besuchstag, um vor der Anstalt Kunststücke wie Radschlagen und Handstand vorzuführen, und die Kranken werfen ihnen dann ihre eben erhaltenen Geschenke zu.

Als die Patienten stärker isoliert werden, läßt das Interesse der Jungen nach, nur bei Bruno nicht. Sein Vater, lange arbeitslos, einst Leser des sozialdemokratischen »Vorwärts«, hat nichts gegen Brunos Besuche vor der Anstalt. Bruno erlebt, wie ein Mann mit einem Auto vor der SA in die Klinik gerettet wird. Später erblickt er ihn »am linken Fenster des zweiten Stocks«. Zwischen diesem Kranken Adam und Bruno entsteht eine tiefe Beziehung. Der Vater des Kranken bittet den Jungen auf einer verstohlenen Fahrt die Berliner Allee auf und ab, sich um Adam zu kümmern. Brunos Vater aber, der beim Autobahnbau Arbeit bekommt und nun den »Völkischen Beobachter« liest, verbietet Bruno den Kontakt.

Doch »Adams Zimmer war die Mitte der Welt« geworden: Der karge Raum, von dem man auf die rote Backsteinmauer des Friedhofs blickt, ist der Treffpunkt des Kranken mit Bruno, der ihn besser als die Ärzte versteht. Bei Epa, einem Billigkaufhaus an der Berliner Allee, bewacht Bruno Fahrräder der Kunden, und von den so verdienten Pfennigen spart er auf einen Ball für Adam. Als er ihn endlich hat, wird bei der Übergabe das Heim von SA gestürmt und die Kranken auf Lastwagen abtransportiert. Adam klammert sich an Bruno, und Bruno bleibt bei Adam. Später entdeckt man den Jungen. Da er sich nicht von Adam trennt, wirft man ihn hinunter aufs Pflaster. Die Lastwagen verschwinden, man weiß, sie fahren die Kranken in den Tod.

Wie dicht der Autor an der Wirklichkeit schrieb, ersieht man aus einer kleinen, kaum beachteten Tafel in der Berliner Allee, nahe Tassostraße, auf der steht, daß allein aus diesem kleinen Haus sieben jüdische Familien ermordet wurden.

Schnurre, 1920 in Frankfurt/Main geboren und 1989 in Kiel gestorben, stammte aus einer alten Berliner Familie und hat lange Jahre hier gelebt, aufgewachsen in Weißensee Wörth-/Ecke Straßburgstraße. Das »Französische Viertel« war in den Gründerjahren hingeschludert worden, zwei- bis dreistöckige Häuser, die schon während des Baues an Zuwanderer vermietet wurden. Die Straßennamen erinnerten an den eben gewonnenen Krieg gegen Frankreich, 1951 wurden die chauvinistischen Bezeichnungen getilgt und das friedliche »Musiker-Viertel« (Smetana-, Meyerbeer-, Bizet-, Puccini-, Gounodstraße) entstand. In die Kneipe an der heutigen Ecke Meyerbeer-/Smetanastraße, wo Schnurre als Kind spielte, kehrten vom nahegelegenen Friedhof die Trauergemeinden zum Totengedenkessen ein. »Es war immer dasselbe: Eisbein mit Sauerkraut, und dazwischen tauchten die Frauen ihre verweinten Gesichter in die kühlen Weiße-Gläser hinein.« Die Kneipe an jener Ecke hat sich zum China-Restaurant aufgeschwungen, aber ob Trauergäste dort zu Penkingente einkehren, weiß man nicht. Die Häuser haben vereinzelt neue Farbe erhalten, und sei es Kanariengelb. Aber das Gefühl der Vorstadt-Tristesse, wie sie in Schnurres Erzählung herrscht, ist geblieben. Und geblieben sind die Mauersegler, die der Schriftsteller so liebte. Später zog er in die Gegend an der Jannowitzbrücke, und nach dem Krieg wohnte er in der Goethestraße am Schlachtensee. Sein Credo: »so klar, so menschlich, so wahrhaftig wie möglich zu schreiben«. Die Geschichte um Adam und Bruno ist im Band »Berlin erzählt« des Fischer Taschenbuch Verlages zu lesen.

Wolfdietrich Schnurre (1920-1989) schrieb u. a. Erzählungsbände »Die Rohrdommel ruft jeden Tag« (1950), »Eine Rechnung, die nicht aufgeht« (1958), »Man sollte dagegen sein« (1960), die Romanchronik »Das Los unserer Stadt« (1959) sowie zahlreiche Hör- und Fernsehspiele.

DER RABIATE PHILOSOPH UND DIE KESSE NÄTHERIN

Mit Schopenhauer verbinden sich Lebensorte wie Weimar, Dresden, Frankfurt/Main, aber es wird oft vergessen, daß er insgesamt zehn Jahre (1811–13, 1820–22, 1825 bis

1831) in Berlin verbrachte. Vielleicht versagt das Gedächtnis, weil Schopenhauers Briefe – dokumentiert 1965/75 in »Der Bär von Berlin« – angefüllt sind mit Beschimpfungen der Stadt: »Physisch und moralisch vermaledeites Nest … verhaßter Aufenthalt … dürres Berlin … die große, gedrängte, unruhige Stadt, mitten in einer furchtbaren Sandwüste, unter nordischem Himmel …«

Als Kind war er mit den Eltern zweimal in Berlin, zuerst 1800, da ist er erstaunt über die »leichte Visitation am Thore«, findet »schöne Bauart der Häuser«, besucht mehrmals begeistert das Schauspielhaus, den Tiergarten. 1804 kommt er für ein paar Tage her.

Der erste längere Aufenthalt gilt dem Studium an der gerade gegründeten Universität; besonders Fichte will er hören, für den der junge Mann bald nur »Geringschätzung und Spott« hat. Als Berlin 1813 vom Krieg bedroht wird, geht Schopenhauer nach Weimar.

Erst 1820 kommt er zurück und will an der Universität Philosopie lehren. Am 23. März hält er seine Probevorlesung. Dabei kommt es zu einem Disput mit Hegel, der ihn zu Unrecht »Monsieur Nichtwisser« nennt. Den selbstbewußten, unbekannten Privatdozenten reitet der Teufel: Er setzt seine Vorlesungen genau zur Zeit an, da der berühmte Hegel doziert. Natürlich hat er fast keine Zuhörer, beharrt aber auf diesem provokanten Termin.

Zu Schopenhauers unliebsamen Berliner Erlebnissen gehört auch seine Liebschaft mit der jungen Choristin der Berliner Oper, Caroline Richter, dem »Prinzeßchen«, die wohl nicht ohne Folgen blieb. Heiratspläne jedoch zerschlugen sich.

 Folgenreich war Schopenhauers Begegnung mit einer

Näherin aus der französischen Kolonie der Stadt. Schopenhauer wechselte oft seine möblierten Zimmer, was für seine Unleidlichkeit spricht, er wohnte Letzte Straße, Kronen-, Behren-, Französische, Leipziger, Dorotheenstraße; jetzt, 1821, lebt er nahe den »Linden« in der Niederlagstraße 4. In dem »Entrée« findet er eines Augusttages drei »Frauenzimmer« vor. Da er abgemacht hatte, daß sich keine Fremden im Vorraum seiner Wohnung aufhalten dürfen, weist er sie grob weg. Eine bleibt, die »Nätherin Caroline Louise Marquet«, da sie eine »honette Person« sei. Schopenhauer: »Ich faßte sie, wie es zweckmäßig war, um den ganzen Leib«, und er schleppte sie so hinaus, während sie »aus allen Kräften kreischte«. Sie lief zurück, er mußte sie ein zweites Mal »aus der Türe werfen«. Caroline Marquet machte nicht nur körperliche, sondern auch seelische Schädigung geltend. Sie behauptete, er habe sie »Luder und altes Mensch« geschimpft. Schopenhauer korrigiert: »Nur einmal, in Subjekt und Prädikat, ›altes Luder‹.«

Ihre Anzeige verleidet ihm den Aufenthalt, er reist nach Italien und erfährt bei seiner Rückkehr, daß er nach medizinischen Gutachten vom Gericht zur Zahlung von vierteljährlich 25 Talern an die Näherin verurteilt ist. Er muß das zwanzig Jahre lang, bis zu ihrem Tode 1842, tun. Sicherlich liegt auch hierin ein Grund für seine heftige Frauenfeindschaft.

Schopenhauers Tobsuchtsanfall, so wird vermutet, entstand aus der Entdeckung, daß er mit seinem »Prinzeßchen« aufs Zimmer wollte und sich erwischt und erpreßt fühlte. Er hat nun genug von Berlin und geht, als Choleragefahr aufkommt, nach Frankfurt/Main, das der

Hypochonder für »cholerafest« hält. Hegel, sein Widersacher, stirbt 1832 tatsächlich an der Seuche. Da sieht Schopenhauer, was ihn in Berlin noch alles erwartet hätte.

Die Stadt hat sich durch seine bissige Kritik nicht beirren lassen und ihm zu Ehren in Schlachtensee eine Schopenhauerstraße benannt.

Arthur Schopenhauer (1788–1860) schrieb außer zahlreichen Briefen z. B. enthalten in »Der Bär von Berlin« (1965/75), u. a. sein philosophisches Hauptwerk »Die Welt als Wille und Vorstellung« (1819–44).

DER SANDKASTEN VOM BELLE-ALLIANCE-PLATZ

Der Mehringplatz ist einer der schönsten, architektonisch geschlossensten Plätze Berlins. Am südlichen Ende der Friedrichstadt wurde 1730 dieses Rondell angelegt mit drei fächerförmig nordwärts ausstrahlenden Straßen: Wilhelm-, Friedrich-, Lindenstraße. 1843 nannte man den Platz nach der Siegesschlacht der Befreiungskriege in Belle-Alliance-Platz um; in seiner Mitte wurde eine Friedenssäule aufgestellt, die bronzene Victoria vom Bildhauer Rauch, an seiner Südseite zwei Frauenfiguren: Der Frieden und Klio, die Muse der Geschichte. Dieser Platz wirkte auch auf Maler: so widmete ihm Ludwig Kirchner 1912/13 ein Gemälde, vom Halleschen Tor her gesehen.

In den schweren Bombenangriffen, besonders Anfang 1945, sank die Gegend ringsum in Trümmer, und der

Belle-Alliance-Platz existierte nur noch seinem Namen nach.

Der zerstörte Platz wurde 1969-75 wiederaufgebaut; die Pläne stammten von Hans Scharoun. Er folgte dem genauen Kreis mit einem dreigeschossigen Innen- und fünfgeschossigen Außenring. Leider mindern im Hintergrund aufragende Hochhäuser, die sich nicht von den geschmähten, weiter ostwärts errichteten unterscheiden, das ruhige Bild des Platzes. Dennoch bleibt der vom Verkehr verschonte, nun nach Franz Mehring benannte Platz eine – man gebrauche ruhig die abgegriffene Floskel, weil es hier zutrifft – Oase in Berlins brausendem Chaos.

Anna Seghers wohnte seit 1928 in Berlin-Wilmersdorf, Helmstedtstraße 24, bis zu ihrer Flucht 1933 (dort ist eine Gedenktafel). Sie muß zum Belle-Alliance-Platz wohl eine besondere Beziehung gehabt haben, denn in ihrem großen Roman »Die Toten bleiben jung«, den sie im Exil konzipiert und weitgehend ausgeführt hat, gerät er immer wieder ins Zentrum der Handlung. Zwar baute sie in diesem Epochenrückblick, der von 1918 bis 1945 reicht, eine so große Personage auf, daß am Anfang des Romans eine Figurenerklärung gegeben wird, doch unter den vielen blieb Marie Geschke eine der wichtigsten, unvergeßlichen Gestalten. Sie wohnte in nicht näher genannter Straße in einer kleinen Wohnung mit dem winzigen, einem »Schwalbennest« gleichenden Balkon, von dem Marie gern auf den Platz herunterblickte. Sie saß ebenso gern dort, nahe der »Sandkiste« oder dem »Sandkasten« (eine Berliner Autorin hätte »Buddelkasten« geschrieben). Dort wurde der schwangeren Marie ein Antrag gemacht, dort lernte sie die Kinder des mürrischen Witwers Geschke kennen, den sie dann heiratete. Ihr ganzes späteres, schweres, mit der »Kraft der Schwachen« getragenes Leben vollzog sich in der Nähe des Belle-Alliance-Platzes. Ja, als sie nach einem Bombenangriff ihr Haus zerstört vorfand, ihren Mann tot unter den Trümmern, da rang sie mit den absperrenden Polizisten, doch nicht, um zur Hausruine zu gelangen, sondern um auf dem Platz »den Rest von Sand in dem Sandkasten zu

Lustgarten, 1992

befühlen«. (Der Platz hat keinen Buddelkasten mehr; hinter dem ersten Häuserring dafür mehrere schöne Kinder-Spielplätze, aber eine Art Verbannung der Kleinen bleibt es schon.)

Daß Anna Seghers diese Kreuzberger Gegend genau kannte, beweist auch ihre treffende Beschreibung der Hinterhöfe. Als Marie nach Berlin ging, um ihr Kind auszutragen, zog sie zu ihrer Tante, die hier wohnte. Deren Wohnung zitterte ständig vom Stampfen der Stanzerei im Hof, und die Tante konnte von »der Konfektion«, wo sie arbeitete, ins Fenster ihrer Küche sehen. Bei den erhaltenen Häusern nördlich des Platzes sind die Hinterhöfe noch als Fabrikgebäude kenntlich, doch nun meist als Büros oder sogar als Luxuswohnungen ausgebaut.

Anna Seghers wohnte nach ihrer Rückkehr aus Mexiko von 1955 bis zu ihrem Tode 1983 in der früheren Volkswohl-, dann nach ihr benannten Straße Nr. 81 in Berlin-Adlershof; dort befindet sich eine Gedenkstätte. Sie ist Dienstag bis Donnerstag geöffnet; Interessenten können auch außerhalb dieser Tage nach Anmeldung in die Wohn- und Arbeitsstätte der Schriftstellerin kommen.

Anna Seghers (1900–1983) schrieb außer dem Roman »Die Toten bleiben jung« (1949) u. a. »Das siebte Kreuz« (1942), »Transit« (1943), »Der Ausflug der toten Mädchen« (1946), »Die Entscheidung« (1959), »Die Kraft der Schwachen« (1965).

DAS ALTE HAUS AM KARLSBAD

Er schrieb gern von Dörfern vor den Toren und stillen Ecken der wachsenden Großstadt, »Vorstadtgeschichten« nannte er seinen 1900 bei Cotta erschienenen Band. Im alten Haus vor dem Potsdamer Tor hat eine verschrobene Geheimratswitwe gelebt, sie stirbt plötzlich ohne Testament, was dem jungen Neffen ebenso jäh eine Erbschaft beschert. Aber das vielzimmerige Haus ist verfallen und der große Garten völlig verwildert; immerhin ein »weitläufiges Gelände« gehört ihm nun. Haus und Garten sind Am Karlsbad, in einer Straße, die seit 1828 hier existiert. Der seltsame Name rührt nicht her vom nahen Landwehrkanal – der wurde erst später als Notstandsarbeit gegraben –, ein findiger Böhme baute hier Anfang des 19. Jahrhunderts ein »Kurbad« und gab ihm nach seiner Heimat den zugkräftigen Namen; andauernden Erfolg hatte er nicht, eher das spätere Ausflugslokal Mielentz Am Karlsbad.

Nachdem die Tante, wie sie es wollte, abends begraben wurde, liegt der junge Erbe froh auf dem »Sopha«, alten Wein hat er im Keller gefunden. Er hört die Potsdamer Bahn über die nahe Kanalbrücke donnern. Ihn stört nicht, daß dies alte Haus mitten zwischen neuen »prächtigen Villen und Palästen steht«. Die Berliner Geheimräte waren weiter auf dem Zuge westwärts und hatten gerade das reizvolle Gebiet nahe dem Lützowplatz entdeckt und das neue Viertel mit eleganten Häusern bestückt.

Die mitgeerbte Haushälterin ist noch mürrischer als die Tante war, sie hält den neuen Herrn kurz. Den Grund bekommt er bald heraus: Sie versteckt ein Mädchen, ihre Nichte, die sie vor dem jungen Mann schützen will, da die Geheimrätin ihn für einen Herzensbrecher hielt. So schickt die Haushälterin sie zurück nach Schlesien. Betrübt besteigt das schöne Kind die armselige Droschke und fährt im »Heucheltrab« des klapprigen Gauls zum Bahnhof. Sie hatte den Erben heimlich beobachtet und Gefallen an ihm gefunden und mit Blumensträußen und gepflegten Inseln im Wildgarten auf ihr Vorhandensein aufmerksam gemacht. Überstürzt folgt ihr der junge Mann, bleibt ihr detektivisch auf den Fersen und stellt sich ihr schließlich in den Weg. Er ruft sofort aus: »Werde mein, Margarethe, mein!« Und sie wird es. Das alte Haus bleibt erhalten, das junge Paar wird es vorsichtig restaurieren, denn »Mäuse, Motten und Rost verzehren es sonst«.

Diese Geschichte gegen planlose Bauwut und für Erhaltung alter Häuser hat Heinrich Seidel verfaßt, der in Lichterfelde wohnte und seinen Garten zu einem Vogelschutzgebiet gemacht hatte. Der in Perlin (Mecklenburg) geborene Pastorensohn, was ihm den hübschen Titel seiner Autobiographie eingab: »Von Perlin nach Berlin«, kam 1866 zum technischen Studium in die Stadt und war dann als Maschinenbauingenieur bei der Firma Wöhlert und später beim Eisenbahnbau tätig. Seine kühne Dachkonstruktion des Anhalter Bahnhofs machte ihn weithin bekannt; wenn er später über eine von ihm konstruierte Brücke fuhr, fühlte er stets Stolz, wie er gern zugab. Aber immer hatte er einen starken Hang zum Schreiben, und auf Zuspruch Storms sattelte er 1880 um und wurde ein ebenso erfolgreicher Schriftsteller. Bestseller wird sein immer noch gelesenes Buch »Leberecht Hühnchen«, ein Berliner, der »die Kunst beherrscht, glücklich zu sein«.

Man darf nur, wie es oft geschieht, den Autor nicht mit seinen biedermeierlichen Vorstadtexistenzen verwechseln. Seidel war nördlich-kantig, schweigsam, großer Naturfreund und Wanderer. Allerdings bleibt es irgendwie seltsam, daß gerade ein ausgewiesener Techniker einer der ersten war, der großstadtmüde wurde. Im Leben wie in seinem umfangreichen Werk, das uns Berliner Randgebiete idyllisch zeigt, die – wie die Straße Am

Karlsbad – längst eingemeindet sind und beinahe zur City gehören und einst Kornfelder oder große Gärten trugen.

Heinrich Seidel (1842-1906) schrieb außer »Vorstadtgeschichten« (1880) u. a. »Der Rosenkönig« (1871), »Leberecht Hühnchen« (1882), »Neues von Leberecht Hühnchen« (1888), »Leberecht Hühnchen als Großvater« (1890), die Autobiographie »Von Perlin nach Berlin«.

FEHLENDE GABELN – ZEICHEN FÜR ARMUT

Irish coffee – das ist längst ein Begriff geworden, selbst der VEB Nordbrand stellte einen Extrakt dafür her. Aber ein Ire zu Besuch in Berlin oder eine Irin, die für immer herzieht? Man muß lange suchen.

Elizabeth Shaw aus Belfast kam 1946 her und blieb bis zu ihrem Tode in Berlin. Zwei wichtige Gründe zogen sie her, ihr Mann, der Maler und Bildhauer René Graetz und ihre antifaschistische Überzeugung.

Sie war im Krieg durch die Ehe mit dem politischen Emigranten »Friendly Enemy Alien« (befreundeter feindlicher Ausländer!) geworden, mit dem zweiten Transport aus England fuhren sie nach Berlin.

Ein Freund, der schon dort war, hatte ihnen geschrieben, daß eine Bleibe in Charlottenburg vorhanden sei, »und bringt Kerzen mit, bat er eindringlich«, der vielen Stromsperren wegen. Die Stadt mit ihren »grimmigen Ruinen« bedrückte sie. In dem kleinen möblierten Zimmer arbeitete sie als Karikaturistin für die Presse. Dann zogen sie in eine etwas größere Behausung nach

Onkel Toms Hütte, später Kleinmachnow, zuletzt nach Pankow, Treskowstraße 5, wo vor dem alten Haus ein Ahornbaum steht, den sie sehr liebte.

Seit Anfang der Fünfziger reiste sie im Auftrag des »Magazins« mit der Autorin Berta Waterstradt durch die DDR und umliegendes Ausland. Die entstandenen 50 heiter-kritischen Reportagen verdienen, den stillen Bibliotheksregalen entrissen zu werden. Später begann sie, Kinderbücher zu schreiben und zu illustrieren. Die Gesamtauflage von 1,5 Millionen Exemplaren spricht für Qualität und Beliebtheit ihrer Bücher.

Sehr aufschlußreich für Berliner sind ihre Eindrücke vom Alltagsleben und seinen festen Normen, denn »unsere Kinder, mußten sich mit Ausländern als Eltern, (Graetz galt als ›staatenlos‹) eine eigene Identität aufbauen«.

Die Kinder machten Elizabeth Shaw mit den hiesigen Gebräuchen vertraut: Gabeln gehören auf den Abendbrottisch! Wozu Gabeln für Brot und Wurst? Die Kinder erklärten, daß es sonst ärmlich aussieht, ebenso arm kam es Nachbarskindern vor, wenn nur ein Krug mit klarem Wasser auf dem Tisch stand.

Elizabeth Shaw konnte sich über die »merkwürdig starren Gewohnheiten« nur wundern, auf die sie hier stieß. Geburtstage sind »ein lebenslanges feierliches Ritual«. Wenn nicht mindestens drei Sorten Torte aufgefahren sind, ist das ein »Zeichen, daß das Geburtstagskind nicht richtig geliebt wird«.

Das häufige Fensterputzen der Nachbarn war verwirrend wie das verzwickte ewige Händeschütteln, »im Zweifelsfall immer besser, man tut es«. Das Nachbarskind, »wohl-

erzogen, putzt sich Schuhe ab ... und bietet sich auch an, sie auszuziehen«, was ihr sehr seltsam vorkam.
Bei einem Englandbesuch verliert Elizabeth Shaw die »gelbe Karte« zum Paß. Bei der Einreise hat sie deshalb Schwierigkeiten; »eine ernste Angelegenheit«, wird ihr bedeutet, ehe man ihr einen Ersatz ausstellt. Am Bahnhof Friedrichstraße findet ein Offizier die nur verkramte Karte. »Zerreißen Sie eine«, schlägt sie vor, aber diese Lösung ist zu einfach. »Seine Stirn nachdenklich in Falten gezogen, schlug er sich mit einem unlösbaren statistischen Problem herum.«
Als sie sich das Bein gebrochen hatte, kaufte ihr zum Trost der Freund Winnington einen Garten, sie wußte, nun ist sie »echte Berlinerin, ich habe einen Garten«. Das Lebensresümee: »Ich bin froh, daß ich nach Berlin gekommen bin.«
Das schöne Buch »Irish Berlin«, 1990 erschienen, wurde Opfer der Wendewirren, man nahm es kaum zur Kenntnis, es verschwand. Eines Tages wird man darauf zurückkommen, der Kunstinteressierte wie der Berlinkenner.

Elizabeth Shaw (1920–1992) veröffentlichte außer »Irish Berlin« (1990) u. a. Illustrationen und Artikel in verschiedenen Zeitungen und vor allem Kinderbücher.

»GESELLSCHAFT MIT UNTERSUCHUNGSHAFTPFLICHT«

Die Straße Alt Moabit von Ampel zu Ampel stockernd, denkt man wohl selten darüber nach, weshalb dieser Stadtteil nach dem alttestamentlichen Lande heißt, das von den streitbaren Moabitern bewohnt war. Diese wiederum nannten sich nach Moab, der den unzüchtigen Taten der Töchter Loths mit ihrem Papa entsprungen war. Wie kommt das biblische Geschehen nach Berlin und gibt bis heute fortdauernde Namen? Als 1716 Hugenotten hier draußen angesiedelt wurden, verliehen sie dem märkischen Sand diesen Titel; denn sie fühlten sich wie die Israeliten, die nach der Zerstörung Jerusalems ins Land Moab flohen.

Heutzutage fällt einem eher Umgekehrtes ein, statt für rettende Heimstatt steht Moabit für Gericht und Haftanstalt. Der Berliner Feuilletonist Paul Felix Schlesinger, der unter dem Kürzel »Sling« in der »Vossischen Zeitung« durch seine Gerichtsberichte nicht nur bei den Lesern, sondern ebenso bei Richtern und Staatsanwälten bekannt war, wohnte zwar in Charlottenburg, später in Schmargendorf, aber die Moabiter Gerichtssäle zogen ihn wie eine zweite Heimat an. Natürlich behandelte er die großen Prozesse, Morde, Eisenbahnattentate, aber sehr reizten ihn die sogenannten Bagatellsachen, juristischer Kleinkram: Da steht 1925 der Vorsitzende eines Lichtenberger Elternbeirates vor dem Kadi. Er hat einen Lehrer »Prügelpädagoge« genannt und erhält, obwohl der Richter durchblicken läßt, der Lehrer prügle wohl wirklich über Gebühr, 100 Mark Strafe, weil nichts bewiesen werden kann. Sling faßt nach: Ihn interessiert ein Schüler, der an einer Prügelei beteiligt war und vom Lehrer dafür wortlos verdroschen wurde. »›Nun‹, sagte der Vorsitzende freundlich, ›was würdest du wohl als Lehrer tun, wenn du zwei Jungens beim Prügeln erwischst?‹ Der Junge sagte einfach und natürlich. ›Ich

würde fragen, warum sie sich hauen?‹« Sling meint, dieses Wort sollte golden über allen Lehrerkonferenzzimmern stehen!
»In den düsteren Hallen von Moabit« bemerkt er andermal »Anmut ohne Heiterkeit«: Der Schauspielerin Olga Tschechowa ist im Adlon ein Pelzmantel gestohlen worden. Zwei Jünglinge sind angeklagt, ihn bei einem »Gesellschaftsabend« dort gemaust zu haben. Wieviel er gekostet hat, der Feh-Mantel? Frau Tschechowa zuckt nur ihre anmutigen Schultern. Die Ausrede der Jünglinge, eine unbekannte Dame habe ihnen einen Feh-Mantel dort zum »Beleihen« angeboten und sie hätten ihn dann verkauft, ist dürftig. Man vergleicht Verarbeitung, Schnitt der angeblichen zwei Mäntel. Eine Zeugin, die den Pelz der Jünglinge gesehen hat, weiß noch, er sei am Hals schon etwas verschwitzt gewesen. »Da sagte die Tschechowa einfach ›Nahein‹!« Was die Jünglinge eigentlich entlasten könnte, das Gericht sieht es anders, sie werden verknackt. Sling überlegt, was die berühmte Schauspielerin antworten würde, wenn sie einer fragte, ob sie sich diesen Vormittag in Moabit amüsiert habe, der »bekäme sicher nichts zu hören als ein verächtliches ›Nahein‹!«
Oder: Ein dienstentlassener Oberpostassistent kleinhändlert sich soso durchs Leben. In einer Kneipe schimpft er laut auf »die Judenverfassung und auf die schwarz-rot-goldene Fahne« und bekommt tatsächlich einen Prozeß. »Schelmisch« läßt Sling den Angeklagten fragen, ob Professor Preuß, der Vater der Verfassung, denn kein Jude sei? Und mit den Farben habe er die Organisation des »Reichsbanners« gemeint. Die Geld-

strafe beträgt ganze 50 Mark. Sling schließt: »Und er kam nach Hause und konnte seinen Kindern erzählen, er sei einer öffentlichen Belobigung mit knapper Not entkommen.«

50 Mark, ein halbes Jahr Knast, das sind so Slings Bagatellen, zusammen spiegeln sie haargenau das Berlin der zwanziger Jahre, ja, die ganze Republik. Der Berliner Sling starb, kaum 50jährig, 1928. Seine Arbeiten hat Ruth Greuner im Verlag Das Neue Berlin mit kenntnisreichen Kommentaren versehen unter dem Titel »Der Fassadenkletterer vom ›Kaiserhof‹« herausgegeben.

»Jetzt kann ich jeden Tag nach Moabit gehen«, hatte Sling gesagt; vielleicht sollte man es wieder tun!

Sling (1878–1928) schrieb Gerichtsberichte und Zeitkritiken, enthalten in den Sammlungen »Richter und Gerichtete« (1929), »Der Fassadenkletterer vom ›Kaiserhof‹« (1989).

TSCHU, DER GERN DEN BURSCHEN BEETHOVEN HÖRTE

Zwischen Andreas-, Markus-, Krautstraße und der Langen Straße, also im ärmsten Viertel am Schlesischen Bahnhof, befand sich Berlins Chinatown. Etwa 200 Chinesen, oft mit deutschen Frauen, lebten hier in den zwanziger Jahren und hausierten gewöhnlich mit Vasen, Tassen oder farbigen Papierblumen, die zur Begeisterung von Kindern beim Schütteln immer neue bizarre Formen annahmen. Auch chinesische Studenten kamen her, die meisten aus begüterten Familien, und wohnten selbstverständlich besser. 1926 lebten hier 427 Chinesen

zur Untermiete oder in kleinen Pensionen, viele sicherlich Studenten.
Ende Oktober 1922 kommt der nicht mehr ganz junge Tschu Teh in der Stadt an. Er ist Bauernsohn, war Lehrer, Soldat, geschlagener Offizier und will hier studieren, wie man China vor dem Chaos retten kann. Man hat ihn unterwegs auf einen Tschou En Lai aufmerksam gemacht, der ihm helfen wird. In der Tür steht vor ihm ein »junger Mann von schlanker Figur und überdurchschnittlicher Größe, mit glänzenden Augen und einem schönen Gesicht«. Tschu berichtet ihm von seinen Motiven, den Gesprächen mit Sun Yat Sen und bekennt, daß er das Opiumrauchen aufgegeben hat. Tschou besorgt ein Zimmer und behält Verbindung zu ihm. Verbissen beginnt Tschu zu studieren. Im Stadtplan übersetzt er alle Namen ins Chinesische, läuft aufs Geratewohl durch die Straßen, geht in jedes Museum, jede Schule und Fabrik, die seine Empfehlungsbriefe akzeptieren. Er besucht Opern, Konzerte, Kirchen. Wenn man fragt, wo Tschu ist, antworten die Freunde: »Irgendwo in der Stadt … Er sitzt und hört sich den Lärm von einem Burschen namens Beethoven an. Und es gefällt ihm!«
Berlin genügt ihm nicht, er wandert durch Bayern, zum Rhein und studiert eine Zeitlang in Göttingen. Dort hat man ermittelt, wo Tschu wohnte und ihm eine Tafel gewidmet, die man in Berlin vergebens sucht. Anfang 1924 ist er wieder zurück. Hier streiten inzwischen scharf die politisch unterschiedlichen Studentengruppen. Tschu wird von deutschen Geheimpolizisten beschattet, die in der früheren Kolonie Tsingtau Chinesisch lernten.
 Tschu Teh, der auch auf Berliner Arbeiterversammlun-

gen spricht, wird zweimal verhaftet, aber auf Intervention des chinesischen Gesandten freigelassen. Da die Lage in China immer schwieriger wird, denkt Tschu an Heimreise. Mitte Juni 1925 geht er zu einer Kundgebung im Sportpalast. Chinesen dürfen zwar teilnehmen, aber nicht reden. Tschu hält sich daran, wird dennoch beim Verlassen des Saales verhaftet und zehn Tage eingesperrt. Er studiert dabei Berliner Gefängnisse, holt verlorenen Schlaf nach. Bei der Entlassung teilt man ihm mit, er habe innerhalb von 24 Stunden Deutschland zu verlassen. Sein Geld reicht gerade für eine Fahrkarte bis Shanghai; er verläßt Berlin mit drei Koffern voller Bücher, Broschüren, Landkarten. Tschu Teh weiß, er ist ein anderer als jener, der 1922 herkam.

In ihrem Buch »Der große Weg« hat Agnes Smedley, die Chronistin der chinesischen Revolution, vom Aufenthalt Tschus hier berichtet. Sie selbst lebte zu dieser Zeit schon lange in Berlin und vermutete, Tschu auf einer der Kundgebungen gesehen zu haben. Ihr Buch »Eine Frau allein« war ein Weltereignis, Karin Michaelis schlug sie dafür vergeblich für den Nobelpreis vor. Die Schauspielerin Tilla Durieux erinnert sich an die mürrische, abweisende Agnes Smedley 1927 in Berlin. »Langsam erkannte ich, welch wertvollen Menschen ich … eroberte … Die Zeit mit ihr wird mir unvergeßlich bleiben.« Nach dem Krieg und als Tschou En Lai Ministerpräsident und Tschu Teh Befehlshaber der chinesischen Volksbefreiungsarmee waren, wurde Agnes Smedley in den USA verfolgt, sie schrieb: »Ich kämpfte um mein Leben.« Ihr Wunsch war, sich in der DDR oder einem andern Ostblockland kurieren zu können: »Aber mein Paß ver-

bietet es«; er trug einen entsprechend dicken roten Stempel. Sie starb 1950 allein in London.
(Wir haben die Namen nach Agnes Smedley beibehalten, heute würde man Zhu De schreiben.)

Agnes Smedley (1894–1950) schrieb außer »Der große Weg« u. a. »Chinesische Schicksale« (1933), »China kämpft« (1935), »China blutet« (1939), »China siegt« (1943), den autobiographischen Roman »Eine Frau allein« (1929).

Fassade Breite Straße, 1993

KRITISCHE KOMPLIMENTE EINER FRANZÖSIN

Als Madame de Staël im März 1804 in Begleitung zweier Kinder, ihres Freundes, des Politikers und Schriftstellers Benjamin Constant, sowie eines Trosses von Bediensteten in Berlin einzog, kam sie als europäische Berühmtheit. Ihr Kampf mit Napoleon und seine Repressalien gegen ein schutzloses Weib sicherten ihr in Preußen sofort Sympathie. Sie wollte aber nicht die Heimat ihrer Vorfahren besuchen, denn ihr Großvater stammte aus Küstrin, sondern Berlin kennenlernen und mit ihren liberalen Ansichten missionieren. Sie wohnte anfangs im Palais der Fürstin von Kurland Unter den Linden, dann im eleganten Hotel Stadt Paris in der Brüderstraße. Halb gequält, halb geschmeichelt, berichtet sie einige Tagesabläufe: Donnerstag mittags beim französischen Gesandten, abends bei der Prinzessin Heinrich, Freitag abends mit Prinzessin Oranien, Sonnabend mittags beim Bruder des Herzogs von Braunschweig und Abendessen mit Prinzessin Luise, Sonntag mittags mit Prinz Belmonte, dem Historiker v. Müller sowie den schwedischen und russischen Botschaftern und abends in der Spanischen Botschaft ... Indessen suchte sie auch die Gesellschaft der Dichter und Philosophen; und ein Gespräch mit Fichte ist überliefert, von dem sie forderte, ihr sein philosophisches System »so kurz als möglich, in einer Viertelstunde« zu erklären! Bei aller Hektik und Exaltiertheit beobachtete sie genau und kam zu präzisen Urteilen. In ihrem von Napoleon sofort verbotenen Buch über Deutschland gibt es ein spezielles Kapitel »Berlin«.

Sie lobt darin die »moderne Stadt«, die sehr breiten und geraden Straßen, die »Regelmäßigkeit« und die »modernen Wohnhäuser«. Doch da sie »größtenteils neu gebaut« sind, vermißt sie in Berlin »die Spuren älterer Zeiten«, man bedürfe doch der Vergangenheit. Madame de Staël kam aus Paris und hatte Wien gesehen, gegen diese Weltstädte fiel Berlin ab. Das »Moderne« in der

Stadt sah sie richtig: Unter Friedrich Wilhelm I. waren 1.000 neue Wohnhäuser in Berlin gebaut worden, Friedrich II. hatte Unter den Linden 44 Häuser zwischen 1771 und 1776 abtragen und dann, meist vier Stockwerke hoch, auf seine Kosten wieder aufbauen lassen. Viele Gebäude konnte man im Zentrum damals durchaus als neue Wohnhäuser bezeichnen. Und die Bibliothek, das Opernhaus, das Palais des Prinzen Heinrich (heute Humboldt-Uni) wie die »katholische Kirche zu St. Hedwig« standen erst runde fünfzig Jahre; sie fand hier wirklich kein altes »gotisches Baudenkmal«.

Germaine de Staël sah in Berlin die wahre »Hauptstadt des Deutschlands der Aufklärung«. Diese bemerkenswerte Einschätzung koppelte sie mit Kritik: Bedenklich schien ihr die strenge Trennung von »Gelehrten und Höflingen«, den beiden Klassen der Gesellschaft. Die Denker bewegten sich in himmlischen Gefilden, und auf der Erde gebe es nur Grenadiere! »In Berlin unterhalten sich die Männer unter sich ... Der Soldatenstand verleiht ihnen eine gewisse Barschheit, die das Bedürfnis erweckt, sich den Frauen gegenüber keinen Zwang aufzuerlegen.«

Sie fand wenig emanzipierte Frauen, Henriette Herz trauerte um ihren eben gestorbenen Mann und Rahels Salon, »Lebensgeselligkeit in Worten«, wie sie es wollte, war noch nicht auf dem Höhepunkt seines Einflusses. Madame de Staëls Hinweis, daß »die Anwesenheit der Frauen notwendig ist, um das Gefühl für Zartheit und Reinheit zu erhalten«, hatte in der nachfriderizianischen Garnisonsstadt Berlin wenig Wirkung.

Sie wollte länger bleiben und hätte noch von anderen

Entdeckungen berichten können, wenn sie nicht die Nachricht von der schweren Krankheit ihres vergötterten Vaters, des Finanzmannes Necker, erreicht hätte. Sie kehrte sofort heim, hatte aber ein Berliner Mitbringsel bei sich, den Romantiker August Wilhelm Schlegel, der Madame de Staël bis zu ihrem Tode 1818 begleitete.

Germaine de Staël (1766–1817) schrieb außer »Deutschland« (1810) u. a. die Romane »Delphine« (1802), »Corinna oder Italien« (1807).

Friedrichstraße, 1992

DER NAPOLEONISCHE KRIEGSKOMMISSAR

Mitte Oktober 1806 war Preußen bei Jena und Auerstädt vernichtend geschlagen, der Innenminister Graf von der Schulenburg-Kehnert ließ in Berlin anschlagen: »Der König hat eine Bataille verloren. Ruhe ist jetzt erste Bürgerpflicht. Ich fordere die Bevölkerung dazu auf ...« Noch im Oktober zog Napoleon in der Stadt ein. In seinem Troß ein 23 Jahre junger Mann, der am 27. Oktober in Berlin anlangt; seine bisherigen Berufspläne sind gescheitert, er will wieder in die Armee aufgenommen werden. Der junge Mann, Henry Beyle, wird außerplanmäßig den Kriegskommissaren zugeteilt. Über seine Eindrücke schreibt er an seine Schwester Pauline: »Berlin liegt an einer sandigen Straße, die ein wenig vor Leipzig beginnt.« Beyle klagt: »An allen Stellen, die nicht gepflastert sind, sinkt man bis zum Knöchel ein; dieser Sand macht die Umgebung der Stadt zu einer Einöde.« Und dann kommt der Stoßseufzer eines Menschen, der in Städten wie Paris, Mailand, Marseille gelebt hat: »Ich weiß nicht, wer darauf gekommen ist, eine Stadt inmitten dieses Sandes zu gründen.« Und er setzt mitleidsvoll hinzu: »Sie soll 159.000 Einwohner haben.« In Wahrheit waren es mehr als 170.000.

Der junge Mann sucht keine große militärische Karriere, sondern gesichertes Unterkommen; im Augenblick ist er zufrieden, er hat 300 bis 400 Louisdor Einkommen, und »ich bin ziemlich gut gekleidet, ich wohne schlecht und bekomme gut zu essen«. Nur pflichtgemäß, über Kälte und Nässe klagend, erscheint er bei der Parade in Charlottenburg. Wichtiger ist dem leidenschaftlichen Theatergänger das Schauspiel. Besonders angetan ist er vom Schauspieler Iffland, an dem er rühmt, daß er, wenn er etwas Komisches, etwas Lächerliches zu sagen hat, nicht dem Publikum zeigt, »daß er etwas lächerlich findet, er sagt es einfach so dahin, wie Dummköpfe in Wirklichkeit Dummheiten sagen«. Henry Beyle hat gut begriffen, zu welchem Rang Iffland, der Erfolgsautor, Schauspieler und Theaterdirektor die Berliner Bühne erhoben hatte. Mit seiner Verpflichtung 1796 und der Eröffnung des Theaters am Gendarmenmarkt, wo neben Iffland so gute Akteure wie die Unzelmann und Devrient spielten, waren die Chancen für ein echtes Nationaltheater gegeben, die Iffland mit seinen Schiller-Aufführungen auch in die Tat umsetzte.

Henry Beyle muß der fernen Schwester noch einiges aus Berlin berichten, auch um ihr zu imponieren, so, daß er dicht an der Spree wohne, »deren Wasser ölig-grün ist«. So überraschend ist die aktuell scheinende Mitteilung nicht, wenn man bedenkt, daß viele Einwohner der damals sechstgrößten Stadt Europas ihre Abwässer in die Spree einleiteten. Der junge Kriegskommissar »wohnt gegenüber dem prächtigen Zeughaus«, von diesem angeblich durch einen Spreearm getrennt. Das Quartier ist ein kleiner Palast, »wo 4 Säulen einen Balkon stützen«. Seine Wohnung beschreibt Beyle wie auf einer Ansichtskarte späterer Zeit »zwischen Fenster a und b zu ebener Erde«. Hier wird Beyles Mitteilung zum Rätsel. Sicher ist heute, es war das 1732 errichtete Kronprinzenpalais – die im Krieg zerstörte Kommandantur –, das ja

einfacher aussah als später, mit Walmdach und einem Stockwerk weniger. Andere meinten, es sei die vom Festungsbaumeister Johann Gregor Memhardt gebaute Kommandantur gewesen, die zwischen Kronprinzenpalais und Spree lag. Aber bei beiden plätscherte kein Spreearm vor dem Zeughaus. Möglich, daß Beyle solche Einzelheiten nicht so genau nimmt, Sand ist überall und die »ölig-grüne« Spree nahe. Der Kriegskommissar wird bald nach Braunschweig versetzt, wo er am 13. November eintrifft.
Als Schriftsteller nannte sich Henry Beyle nach der altmärkischen Stadt, in der sein Idol Winckelmann geboren worden war: Stendhal! Stendaler Straßen haben wir zwei in Berlin, an den später so berühmten, viel gelesenen Autor, einst Kommissar in Berlin, erinnert nichts!

Stendhal (1783–1842) schrieb außer Briefen u. a. die Romane »Rot und Schwarz« (1830), »Die Kartause von Parma« (1839), Tagebücher, die Autobiographie »Leben des H. B.« (1835/36).

VOLL RAUCHIGEM KLAMAUK

Enttäuschung macht oft ungerecht, aber selbst ein ungerechtes Urteil kann Wahrheiten enthalten. Carl Sternheim, der vielgespielte satirische Dramatiker – seine »zyklische Satire auf die deutsche Bourgeoisie hat die Revolution vorbereiten helfen« (Weltbühne 1921) – liebte Berlin nicht, obwohl seine Stücke hier aufgeführt wurden. Er wurde in der wilhelminischen Hauptstadt von Verboten bedrängt, auch später von Verleumdungen und Skandalen belästigt. 1922 erschien sein Pamphlet

»Berlin oder Juste milieu«, in dem Sternheim seinen tiefen Abscheu über das Spießbürgertum, herrschend auch in der neuen »Firma Republik« und ihrer Hauptstadt, aussprach und seiner Abneigung gegenüber den »Reichstagssozialisten« Luft machte. Maliziös fragte er, wie und weshalb Berlin an diesem Platz entstanden ist: Auf der Reise zwischen Paris, Moskau, Petersburg, Warschau muß man ja irgendwann verschnaufen, Wechsel ziehen und sich bedenken, da lag der Platz mit guten Gasthäusern bequem, und so wurde Berlin gegründet und groß!

Doch außer solchen exzentrischen Meinungen findet man in seinem Buch scharfsinnige Beobachtungen, zum Beispiel, daß Berlin für die Monarchie und das Militär von Bedeutung gewesen, denkerischer Anstoß jedoch von Königsberg und Jena ausgegangen sind, Künstlerisches von Weimar und Wirtschaft und Geldwirtschaft in Frankfurt, Hamburg, Leipzig geleitet wurden. An Stelle der Berliner Universität, die wenigstens pro forma das öffentliche Leben bestimmte, traten um die Jahrhundertwende die Deutsche Bank und die AEG. »Jetzt grüßten den Bürger nicht nur mehr Zeughaus, Kommandantur und des alten Kaisers Palais, sondern Darmstädter, Dresdener Bank, Diskontgesellschaft.« Bank-, Industrie, und Vergnügungspaläste hatten, so Sternheim, das Privathaus erwürgt. Er zitierte den damals populären Schlager: Berlin ist schön, Berlin ist groß, nur in Berlin allein, da ist der echte Rummel los! Ja, Rummel war Tag und Nacht, doch »nur das scharfe Ohr hörte Mißtöne, Katzenjammer«. Weil der Berliner seit Bismarck, der im Kürassierhelm »über puppigem oder popottigem Alltag«

herrschte, nichts Wesentliches, Elementares mehr bewirken durfte, »wollte er sein enttäuschtes Inneres betäuben, in Radau und rauchigem Klamauk«. Der Spießbürger glaubte überheblich, alles, was in Berlin geschah, sei ohne Vergleich; seine kulturelle Leistung aber war die Landpartie: »An Kartoffeläckern vorbei schlurfte man durch tiefen Sand und einige föhrenbewachsene Hügel, Märkische Schweiz genannt, waren das fernste Wanderziel, an dem man mitgebrachten Kaffee kochte, Berliner Pfannkuchen aß und gegen Abend hinter Baumstämmen Mädchen küßte.« Ein typisches Anzeichen kulturellen Verfalls sah Sternheim darin, daß in den vierzig Jahren vor 1922 kein Denkmal von künstlerischem Format in der Stadt errichtet worden sei, dafür »Mengen mit Kaiseradler gekrönter Kommandanturen und Reihen marmorner Statuen verstorbener Hohenzollernvögte samt ihren Kreaturen«.

Obwohl Carl Sternheim bis in die Schlußsätze Kritisches sah: In der Halle des Hotels Adlon zwei Gauner, die ihr Geschäft perfekt machten, ein Dutzend Waggons mit verfaultem Weizen von Sarajewo nach Zürich zu verschieben, blieb ihm Hoffnung auf den Dichter als der »erschütternden Epoche reinstes Gleichnis«.

Sein Berlin-Buch wurde einer scharfen, gehässigen Kritik unterzogen; mit antisemitischen Ausfällen und Vereinfachungen hatte Sternheim Angriffen allerdings Vorschub geleistet.

Der 1878 geborene kam mit den Eltern – Vater Bankier und Verleger – 1894 nach Berlin, wohnte Brückenstraße (heute Bartningallee), dann Belle-Alliance- (jetzt Mehringdamm), Großbeeren- und Altonaer Straße. Schon

1912 verzog Carl Sternheim, der im Unterschied zu vielen Schriftstellern vermögend war, nach Belgien, wo er dann meistens lebte. Hier starb er 1942 als armer, einsamer, verfemter Mann. Im Stadtplan wird man keine Erinnerung an ihn entdecken.

Carl Sternheim (1878–1942) schrieb außer »Berlin oder Juste milieu« (1920) u. a. die Komödien »Die Hose« (1911), »Die Kassette« (1912), »Der Snob« (1914), die Novellensammlung »Chronik von des 20. Jahrhunderts Beginn« (1918), die Autobiographie »Vorkriegs-Europa im Gleichnis meines Lebens« (1936).

SCHOCK FÜRS CAFÉ KRANZLER

Theodor Storm war mit seiner norddeutschen Heimatstadt überaus tief verbunden; Fontane mißfiel die »Husumerei«, und er beklagte die daher kommende »Provinzialsimpelei«. Storm besuchte Berlin. Er wollte Freunde treffen und, da die Dänen Schleswig besetzt hatten, bei der preußischen Regierung um Anstellung ersuchen. Fontane warnte ihn: »Das Berliner Wesen, das einem auf der Straße und in der Kneipe … entgegentritt, ist anfangs ungenießbar«, die Berliner Untugenden, »Schärfe, Unverschämtheit, Lieblosigkeit bringen den Fremden um«. Storm sah es nicht so streng, er hatte gefunden, daß man sich des Fremden überall fast mehr als gastfreundlich annahm. »Gleichwohl ist in der Berliner Luft etwas, was meinem Wesen widersteht …« Weil man den »Schwerpunkt nicht in die Persönlichkeit, sondern in Rang, Titel, Orden und dergleichen Nipps legt«. Es fehle die »goldene Rücksichtslosigkeit«. Eine Begebenheit aus dem Jahr 1862 zeigt Storm ebenso »golden rücksichtslos« wie ohne Ahnung von Berliner Lieblosigkeit. Man spazierte durch den Tiergarten. Gegen zwölf kamen sie durchs Brandenburger Tor. Storm verspürte Hunger, und Fontane, dem Ungutes schwante, schlug vor, in seine nahe Wohnung zu gehen. Aber Storm wollte zum Mode-Café Kranzler, Unter den Linden/Ecke Friedrichstraße. Fontane besah seinen Kollegen: Leinene Beinkleider, leinene Weste aus einem Stoff, der »furchtbare Falten« schlug, darüber ein grünes Röckchen, großer Reisehut und ein Schal in endloser Länge. »Storm trug ihn um den Hals herum, trotzdem hing er noch in zwei Strippen vorn herunter, eine kurze und eine ganz lange.« Dazu noch mit Puscheln am Ende. Gardekürassier-Offiziere, die vor dem Café saßen, grinsten unverschämt, als sie Storm sahen. Fontane versuchte, den Freund in ein »ruhiges« Café zu dirigieren, aber der beharrte auf Kranzler. Drinnen fragte er die »brunhildenhafte Comptoirdame« lange nach den Einzelheiten des Buffets. Fontane wollte den auffälligen Mann in eine Nische ziehen, aber Storm ging, laut über Lyrik redend, durchs Café. »Je lebhafter er wurde, je mächtiger pendelte er mit den zwei Puscheln hin und her.« Fontane atmete auf, als man nach einer halben Stunde »heil wieder heraus« war. Aber Storm prallte auch auf andere Weise mit dem Berliner Wesen zusammen. Am 24. Juli 1854 schrieb Storm einen zornigen Brief, worin er Fontane »unbarmherzige Zweideutigkeiten und Nuditäten« vorwarf, mit denen er die Damenwelt, insbesondere seine Frau Constanze, tief beleidigt habe. Fontane kasteite sein Gedächtnis, kam jedoch nicht darauf, was er Böses gesagt hatte. Er erklärte

Storm, daß es »notorische und fragliche Unanständigkeiten gibt«, die ersten unterliefen ihm nie, die zweiten oft. Fontane sah es nicht als Tragödie an, daß er mit einer Zweideutigkeit herausplatzte, wenn ihm so zumute war. Storm zitierte pikiert die ungeheuerlichen Auslassungen Fontanes. Er hatte von einem Mann gesagt: »Nun will er sich die unglückliche Liebe mit Baden und Turnen kurieren; die könnte er sich ja auf eine viel leichtere und bequemere Weise vertreiben.« Oder: »In den Schoß weinen? Nee, dazu ist ein Schoß nicht da.« Fontane geriet über Storms Vorwürfe nur in »aparte Laune«, und Storm, der die Freundschaft nicht zerstören wollte, gab nach, meinte nur resignierend, daß sich eben bei Fontane die Dinge anders lösen müßten »als bei den meisten«. Was so viel heißt, wie bei – Storm. Als Storm nach elfjähriger Abwesenheit in die geliebte Heimat zurückkehren konnte, behielt er zu den Berliner Freunden weiter Verbindung. Fontane las 1868 Storms Gedichte wieder, da flossen ihm »Wonnetränen« übers Gesicht, und Storm nannte ihn »Liebster Fontane«. Nachlesen kann man über den Husumer und den Berliner in den Briefwechseln zwischen Storm und Fontane und im Stormkapitel in Fontanes »Zwischen Zwanzig und Dreißig«.

Theodor Storm (1817–1888) schrieb außer seinen Briefen u. a. Gedichte, die Novellen »Im Saale« (1848), »Immensee« (1849), »Der Schimmelreiter« (1888), die Märchen »Der kleine Häwelmann« (1849), »Die Regentrude« (1863), »Pole Poppenspäler« (1874).

AN EINEM »HALBGAREN GROSSTADTFEIERTAG«

Erwin Strittmatter – das ist doch der grüne Juni in Person, sind Dörfer und kleine Städte der Lausitz, ist vor allem Schulzenhof, das winzige Vorwerk im Märkischen, dem seine letzten Zeilen galten. Berlin war für Strittmatter kaum erstrebenswert. Und doch riß ihn ein Telegramm aus dem BE hierher und hielt ihn fest. Als er, sobald es nur ging, nach Schulzenhof entwich, behielt er doch eine kleine Haltestelle in Berlin bei, der Theater und Ausstellungen wegen, weil er sich mit Freunden und Kollegen bequem treffen konnte, und der Verlag befand sich nicht weit weg. Ein Berlinfeind war und wurde Strittmatter nicht.

Es gibt Spuren der Stadt in seinem Werk, man muß nur suchen. In den »16 Romanen im Stenogramm«, dem 1971 erschienen Buch »Ein Dienstag im September«, wird man fündig. »Der Soldat und die Lehrerin« heißt der Steno-Roman. Ein Soldat hat Urlaub und geht in die Stadt: »Halbgarer Großstadtfeiertag«. Die Geschichte liegt 25 Jahre zurück, da hat der »Autostrom auf der Ausfallstraße größere Lücken … Die Straßen sind lärmärmer.« Den Soldaten und eine junge Lehrerin von der anderen Seite der Stadt her treibt es zielsicher zu einem Punkt: »Wo die Ausfallstraße dem Stadtzentrum Weiträumigkeit gewinnen hilft, ein Haus mit Kolonnaden, ragt nicht, hockt wie ein pfeffersalzfarbener Riesenschnauzer mit eingestemmten Vorderbeinen am Straßenrand.« Drinnen wird »förderliche Temperatur und zuträgliche Luftmischung von Leuten aus dem Gastwirtschaftsgewerbe nach mündlich überlieferten Geheimrezepten verfertigt. Gastronomie.« Es sollte uns doch sehr wundern, wenn es sich nicht um das Hochhaus am Strausberger Platz handelt. Unser Paar lernt sich kennen, sie »tanzen mehrere Tänze, Touren genannt«. Sehr glücklich ist die Lehrerin über ihren Kavalier nicht, auch wenn er eine frischerworbene Schützenschnur trägt. Strittmatter läßt damals seinen Soldaten denken: »Hoffentlich wird die aus Silberlitzen geflochtene Kordel nie zur Vorausbelohnung für gutes Töten. Könnte nicht sein, daß aus der Schießscheibenmitte im Laufe verworrener Zeiten ein feindliches Herz, ein feindlicher Kopf wird? Er weiß nicht, ob die Frage erlaubt ist, er wird sich erkundigen.«

Die Lehrerin ist vom Soldaten nicht begeistert, darf kein Entgegenkommen verschmähen, denn »Gleichberechtigung bei der Tanzarbeit herrscht nur in ›Clärchens Ballhaus‹«. Nachher geht man wie üblich spazieren. Zu »63 irregulär gepflanzten Bäumen, die zwischen verquickten Sträuchern stehen«. Verlegen examiniert die Lehrerin den Soldaten, aber der Bauernjunge hält sich wacker. Immer von neuem wandeln sie durch den kleinen Park mit Fichten, Platanen, Spier- und Pfaffenhütchensträuchern. Strittmatter hat genau gezählt und die Pflanzen bestimmt, vielleicht die an der Weberwiese. »Das letztemal an diesem Abend küssen sie sich unter der Erde. In zwei verschiedenen U-Bahnzügen rollen sie voneinander fort.« Sie treffen sich wieder: »Tierpark und Störitzsee, Müggelturm und Plänterwald«.

Schließlich nimmt der Soldat die Lehrerin mit in sein Dorf. Dort lebt der bekannte Maler Weingard. Die Lehrerin ist Kunstfreundin, kurz entschlossen geht sie zu ihm, und der zeigt ihr sein Atelier. Dem wartenden Soldaten schwant nichts Gutes. Nachher heißt es auch nur noch »Weingard und Weingard«. Aber sie nimmt ihn zum erstenmal zum »blatternarbigen Mietshaus«, in ihr Zimmer mit. Danach sehen sie sich nicht wieder. Sie beantwortet seine Briefe nicht, sie ist nie zu Hause. »Er wird kein Romeo, kein Werther, erst recht kein Othello. Gelobt sei unser Zeitalter.« Fünf Jahre später lebt sie in Schildow bei Berlin, hat Mann und Kinder. In einer Kunstzeitschrift sieht sie ein Dorfbild, eine wunderbare Temperaarbeit, und liest darunter den Namen – des Soldaten.

Ein Roman auf 23 Seiten, dessen wichtigste Teile in Berlin handeln. Begraben aber wollte Strittmatter auf dem winzigen Friedhof an Waldrand und Wiesental von Schulzenhof sein, nirgendwo anders.

Erwin Strittmatter (1912–1994) schrieb außer »Ein Dienstag im September« (1971) u. a. die Romane »Der Wundertäter« (1957/80), »Ole Bienkopp« (1963), »Der Laden« (1983/92) sowie Kurzprosa und Tagebücher, »Schulzenhofer Kramkalender« (1967), »Grüner Juni« (1985), »Lebenszeit« (1987), »Die Lage in den Lüften« (1990).

EIN KOMIKER ALS WEISSBIERFAN

Emil Thomas (1836-1904) war ein sehr populärer Berliner Schauspieler, Charakterkomiker, Autor und Direktor mehrerer Theater, dem aber stets dabei »die Puste ausging«. Den Berliner Zahnarztsohn trieb es unwiderstehlich zur Bühne; über Liebhabertheater, als Bühnenarbeiter und Schauspieler in Schmieren zog er seinen schweren Weg durch ganz Deutschland, bis er schließlich in seiner Heimatstadt berühmt wurde. Im Cassirer Verlag erschienen seine originellen Skizzen, die 1904 schon die zweite Auflage unter dem Titel »Ältestes, Allerältestes« hatten. Darin schreibt er viel über sein Fach und besonders über das Volksstück und die Posse. Man kann dort lesen, daß der Berliner Dialekt nicht zuerst auf der Bühne in der Lokalposse auftauchte, sondern in dem mehr berüchtigten als berühmten Puppentheater Richter, Mauerstraße 33, wo seit schon 1844 das Kasperle berlinerte.

Aufschlußreich sind die Schilderungen der vom Autor so geliebten Kneipen Mitte des vorigen Jahrhunderts. Er verkehrt als Stammgast in noblerem Bereich, bei Dressel und Siechen, die sich lange hielten, und Thomas zeichnet witzige Bilder der Wirte dieser Etablissements, die sich gern als »Traiteurs« bezeichnen ließen.

Als Kind des vorigen Jahrhunderts liebt Thomas aber das Weißbier über alles, und am meisten das bei Haases ausgeschenkte. Drei Brüder besitzen das Geschäft, davon einer, bekannter Schauspieler, nur als Dauerkunde. Es ist Berlins »berühmteste Weißbierstube«, ein zweistöckiges Häuschen mit Dreifensterfront in der Französischen Straße 21. Schmaler dunkler Flur, links weist eine schwarze Hand »Zum Lokal«; man tritt ein in »Berlins Heiligtum«, das düstere Hinterzimmer mit den zwei großen runden Tischen ist »der Weißbier-Hort«. Im Lokal regiert am Buffet und beim Ausschenken Heinrich

Haase, der geborene Weißbierwirt: kurzes schwarzes Jackett, schwarze Plüschweste und geschorene blonde Haare, kleine goldene Ringe in den Ohren. Bruder Wilhelm pflegt im Keller das Bier und kommt mit den Kruken, die Gäste in politische Debatten verwickelnd.

Das Bier wird aus großen, breiten, fußlosen Gläsern, die man nur zweihändig bewältigen kann, getrunken. Nach echt Berliner Brauch bekommt nicht jeder Gast sein Glas, sondern es mußten schon mindestens vier Gäste sich zur Bestellung zusammenfinden. Das Ziel der Lust steht in der Mitte des Tisches; wer will, »holt sich mit dem Daumen an der Innenwand das Glas heran, trinkt und setzt es wieder an seinen Platz«. Man entsinnt sich da des früher häufigen Spruchs, den man als Nachfahre nicht enträtseln konnte: »Der Berliner hat dreckige Pfoten, aber saubere Daumen.« Eben weil er sich beim Heranziehen des Weißbierglases diesen wusch!

Am Ende der Runde kamen auf jeden Gast gerechnet vier dieser gewaltigen Gläser und die entsprechenden zusätzlichen Kümmel.

Wer sind nun die Gäste bei Haases, die beinahe täglich ihre lange Sitzung abhalten? Der Wildprethändler vom Gendarmenmarkt, ein Färber, Buchbinder, Schlossermeister und die Schar der Künstler, zu denen neben Emil Thomas die Schauspieler Fritz Devrient und Lange zählten.

Nach diesem Haus heute zu suchen ist müßig; gegen Ende 1870 ließ die Germania-Versicherung das alte Haus abreißen und baute in scheußlicher »deutscher Renaissance« ein Büro- und Wohnhaus. Im ersten Stock residierte dann der von den Berlinern »Millioneser Club«

genannte eleganteste Klub der Stadt, der sich leisten konnte, 17 Mark Miete für den Quadratmeter zu zahlen. Nichts mehr mit Weißbier und »Weißbier-Philistern«. Einen wichtigen Hinweis gibt noch Emil Thomas, sonst könnte man nur den Kopf schütteln über die maßlose Begeisterung an dieser Flüssigkeit: Haases schenkten einen »herrlichen Saft aus, nicht zu vergleichen mit dem, der uns heute geboten wird«.

Emil Thomas (1836–1904) schrieb »Ältestes, Allerältestes« (1904).

Mulack-/Ecke Alte Schönhauser Straße, 1994

DIE SCHRIFTSTELLERNDE ZITHER

Die Stadt ändert sich ununterbrochen, Straßen, Plätze, auch Kleineres kommen und gehen plötzlich. Ende vorigen Jahrhunderts grassierte in Berlin das Zither-Fieber und erfüllte weithin die Straßen. Das Instrument der Firma Menzenhauser & Schmidt war leicht zu erlernen, man schob Blätter unter die Saiten, die machten es »möglich, daß man einfach vom Blatt spielt«. So leicht war es dann doch nicht, und das Klimpern nahm kein Ende. Noch in den dreißiger Jahren klang sie vereinzelt und stotterig von einem Balkon. Wer kennt sie, CD-verwöhnt, heute noch?

Der das beobachtet hat und in seinen »Berliner Bildern« festhielt, war Johannes Trojan. Er schriftstellerte in viele Richtungen, fast nichts ist geblieben. Erfolg hatte er mit dem »Kladderadatsch«, der humoristisch-satirischen Zeitschrift, die sich unter seiner Leitung mehr und mehr der bismarck-wilhelminischen Politik anschmiegte und trotz gelegentlicher Bisse ihre anfängliche Schärfe verlor. Für die »Nationalzeitung« verfaßte Trojan seine Berlin-Momentaufnahmen, die er 1903 als Buch publizierte.

Auffällig oft betont Trojan seinen Standort in Berlin W. Er wohnte dort streng im Zirkel um die Kurfürstenstraße, und seine Ausflüge führten nicht weit: wenn er sich in den S-Bahnhof Friedrichstraße wagte oder an den östlichen Rand von Schöneberg, waren das schon kühne Unternehmungen.

Dennoch, ein soziales Gefühl kann man ihm nicht absprechen; zum Beispiel liegt ihm das Dienstpersonal am Herzen. Ihn ärgern die Bezeichnungen »herrschaftliches oder hochherrschaftliches Haus«, ihn kränkt, wenn seine eigenen Kinder, Brot bringend, vom Portier zur Hintertreppe »Für Dienstboten und Lieferanten« geschickt werden. Trojan fragt sich, ist der Portier »Menschenkenner genug, um zwischen ›Herrschaften‹ und solchen Personen, die es nicht sind, unterscheiden zu können?« Selbst Leute mit schweren Paketen und Lasten werden auf den engen Dienstbotenaufgang verwiesen und dürfen keinesfalls den Fahrstuhl benutzen.
Wenige solcher hochherrschaftlichen Häuser mit ihren sozial gestaffelten Treppen haben sich erhalten. In den Charlottenburger Straßen, Mommsen-, Bleibtreu-, Knesebeck-, findet man noch die großen eichenen oder schmiedeisernen Tore, hinter denen man, falls man eingelassen wird, auf Marmorstufen mit Läufern emporschreitet. Auf dem Hof Knesebeck Nr. 76 sogar noch beide Arten des Dienstbotenaufgangs: die enge Hintertreppe und die noch schmalere Wendeltreppe, auf der sich Minna und Emilie hochzuwinden hatten.
Trojan schreibt eine anklagende Skizze »Für die Dienstmädchen«. Immerhin gab es um 1900 rund 100.000 von ihnen in Berlin, und sie wohnten oft in unwürdigsten Umständen, auf Hängeböden und Verschlägen. Es ist harter Winter, und Trojan macht sich ernsthaft Sorgen: »Das kleine Zimmer« – hier schönt Trojan: eine winzige Kammer, in vielen Altbauwohnungen noch vorhanden –, »das die Dienstmädchen bekommen haben, ist auch in den mit allem Luxus der Neuzeit ausgestatteten Häusern

des Westens von Berlin nicht zu heizen und hat nur ein einfaches, kein Doppelfenster. Wo sollen die armen Geschöpfe bleiben, wenn es friert? In der Küche mag es ja wohl leidlich warm sein, wenn da gekocht wird, ist aber das bißchen Feuer ausgemacht, so wird es da auch kalt.« Natürlich bleibt es beim gutgemeinten Appell, die SPD, die sich dieser Sorgen annahm, ist ihm nicht akzeptabel, die wird ja schon von den Portiers gewählt, wie Trojan bissig vermerkt.

Geld war dem aus einem Danziger Kaufmannshause stammenden Trojan gleich mehrere Arbeiten wert: Er bemerkt erfreut, daß der Groschen, die alte, eigentlich nicht gebräuchliche Münze, sich für ein Zehn-Pfennig-Stück einzubürgern beginnt. Und wie sagt der Berliner heute? Na, immer noch Groschen. Dann hört er auf dem Gang über den Markt auf dem Wittenbergplatz – der übrigens noch heutzutage empfehlenswert ist – ausrufen: »Sechs Dreier für so'ne Jurke!« Der Kupferdreier war schon lange nicht mehr im Verkehr, der Ausrufer aber meinte: 15 Pfennige für die »Jurke«. So ruft und rechnet man heute nicht mehr. Doch ein auswärtiger Kunde wird sich wundern, wenn im Supermarkt die Kassierin ihn fragt: Haben sie vielleicht zwei Sechser? Und muß lernen, daß es sich um Fünfpfennigstücke handelt.

Johannes Trojan (1837–1915) schrieb »Berliner Bilder« (1903).

UNGEZOGENE KINDER WERDEN NICHT EINGELADEN

Sieben Millionen! Das sind Auflagen, die Autoren wie Verleger begeistern, sie sind nur so selten! Else Ury hat sie, ungeachtet vieler Widersprüche und Kämpfe gegen ihre Bücher mit der »Nesthäkchen«-Serie erreicht. Dabei erinnert man sich kaum, daß die kleine Annemarie, genannt Nesthäkchen, eine Berlinerin ist. Es wird allerdings auch in ihrem Hause darauf geachtet, daß allzu Berlinisches nicht eindringt, da es grob, ja, pöbelhaft ist. Und kommt einmal ein Mädchen, das nicht ganz der braven Norm entspricht, wird es nicht mehr eingeladen. Über profane Dinge redet man nicht, sie werden unauffällig von Hanne, der Köchin, Stubenmädchen Frieda und Fräulein Lena, der Gouvernante, erledigt. Erwähnt man das echte Berliner Essen Kassler-Rippenspeer, dann nur, weil Nesthäkchen bibelfest an des alten Adams Rippe denkt. Die Mutter geht fröhlich-still durchs Heim und kontrolliert, weist an, lobt und belehrt. Der Vater Dr. Braun ist tagsüber fort, doch schwebt er auch dann unsichtbar überm Kinderzimmer, immer ernsthaft, mahnend. Nur einmal wird er menschlich sichtbar, als die Lehrerin die Schulanfänger nach dem Namen ihrer Eltern fragt: »Mutti nennt ihn ›Edchen‹ und manchmal auch ›mein Bester‹, aber Hanne und Frieda sagen ›Herr Doktor‹, rief Nesthäkchen stolz.« Es ist die Zeit vor dem Ersten Weltkrieg, Annemarie wird eingeschult und bekommt von der Großmutter eine rote Schultüte mit

Süßigkeiten, in der Klasse sitzen immerhin 50 Mädchen! Doch deren Eltern sind wohlhabend wie Familie Braun, denn in den Sommerferien verreisen allesamt. Nach Ahlbeck, Ilmenau, Warnemünde, Nesthäkchen ins »böhmische Riesengebirge – nach Johannisbad«. Nur die kleine Ilse blieb hier: »›Ooch, die war nicht mal verreist‹, sagte eines der Kinder verächtlich.« Aber die Eltern hatten »eine Nordlandreise« unternommen, da zog das Kind zur Großmutter und besuchte Aquarium und Panoptikum.

Berlin läßt sich eben nicht umgehen, wenn man Nesthäkchen hier leben läßt. Als Besuch erscheint, geht's in den Zoo. Der war auf Veranlassung Alexander v. Humboldts 1844 gegründet worden und hatte sich zur Zeit unserer Geschichte sehr entwickelt. Und wenn Nesthäkchen Elefanten betrachtet und Nashörner, das Straußen- und Affenhaus besucht sowie das Raubtierhaus – »pfui, riecht das hier!« – dann beschreibt die Autorin den Sonntags-Spaziergang Tausender Besucher; natürlich spielt auch eine Kapelle flotte Weisen, und die Konditorei im Zoo wird heimgesucht zu »Apfelkuchen mit Schlagsahne«.

Seit Generationen gehört zum festen Jahresprogramm eine »Dampferfahrt«. Auch Nesthäkchens Lehrerin führt die Klasse zum Ausflug an »den grünen Strand der Spree«. Am Ziel, einem Forsthaus, wird im Wald gespielt: »Schwesterchen, komm mit!« und »Bäumchen, wechsle dich«; dann spaziert man, die grüne Botanisiertrommel an der Seite, zu einem Gartenlokal, wo man »Würstchen mit Himbeerlimonade« speist. Unser Buch schließt:

 »Nesthäkchen war auch ferner bemüht, ihren Eltern

Freude zu machen … Als das erste Schuljahr um war, da brachte sie nicht nur ein feines Osterzeugnis heim, sondern auch eine Prämie! Ein wunderschönes Geschichtenbuch, zur Belohnung für ihren Fleiß und ihr gutes Betragen.« Wie man auch immer zu Nesthäkchen steht, sie und ihre Leute zeigen ein, wenn auch stark idealisiertes, Bild des Berliner Bildungsbürgertums, mit seiner geistigen Enge und pädagogischen Borniertheit.
Else Ury, geboren 1877 als Tochter eines Tabakfabrikanten, hatte um 1900 die Kindheit und Jugend als Stoff entdeckt. Ihr allerdings war nicht die »glückliche Natur« Nesthäkchens gegeben, sie war streng patriotisch eingestellt, verfaßte einen bösen Nesthäkchenband zum Weltkrieg und begrüßte 1933 im Buch »Jugend voraus« den »Vorfrühling in Deutschland«. Sie war aber Jüdin und erhielt deshalb 1934 Berufsverbot. Aus der Solinger Straße 10, wo sie zuletzt wohnte, deportierte man sie mit »der Welle XL« am 12.1.1943 nach Auschwitz in den Tod. Berlin nennt keine Straße, keinen Spielplatz nach ihr, an ihrem Wohnhaus findet man keine Gedenktafel.

Else Ury (1877–1943) schrieb die »Nesthäkchen«-Romane.

»GUTEN TAG, RIESIN!«

Viermal versuchte es der Schweizer Schriftsteller Robert Walser um die Jahrhundertwende, in Berlin festen Fuß zu fassen. Er wohnte lange bei seinem Bruder, der als Grafiker und Bühnenmaler bei Max Reinhardt tätig war; zuletzt hatte er ein Zimmer oder eine Wohnung in der

Charlottenburger Spandauer Straße 1. Der plebejische, scheue, schwierige Autor aus der Schweizer Kleinstadt wußte, daß Berlin damals zu den vitalsten Städten Europas gehörte und dem Künstler viele Möglichkeiten bot. Er begrüßte Berlin: »Guten Tag, Riesin!« und nannte durchaus anerkennend die Stadt einen ungezogenen, frechen, intelligenten Bengel. Obwohl er auch die schlimmen Seiten der Großstadt kannte, meinte er: »Ein Künstler ist hier gezwungen aufzuhorchen.« Im Trubel der Friedrichstraße – und das sah er als Vorzug – ist »jeder Bettler, Gauner, Unhold hier Mitmensch, muß als zugehörig in der Menschenmasse geduldet werden.« Und abends begann hier ein »Geldauswerfen«, wie es sich selbst eine dichterische Phantasie nur mühselig vorstellen konnte.

Scharf fühlte er die »gewisse Kälte« in Berlin W., den er in drei Teile gliederte: den alten, den mittleren um die Gedächtniskirche, den er »den nettesten« fand, und den neuen Westen. Er benannte den Grund der Kälte: Die dort herrschende Geschäftswelt. Wer Geld verdienen muß, hat keine oder wenig Zeit, »sich auffallend schön zu benehmen«, und deshalb herrscht eine »rauhe, abfertigende Tonart«. Die Armut scheint in andere Viertel hinausgeschoben. Dort verkehrte Walser in Kneipen und kleinen Cafés, besonders gern bei Aschinger, jenen aus Süddeutschland importierten Restaurants neuen Stils. »Ein Helles bitte«, bestellt ganz sachgemäß der Schweizer, man kennt ihn hier, mit dem Glas geht er zum Tisch, wo »Gabeln, Messer, Brötchen (frei zu nehmen), Essig und Öl« sind. Der so geweckte »Eßgedanke« treibt vorwärts. Walser läuft zu dem »blau-weiß gestreiften

Friedrichstraße, 1993

Schnittwaren-Fräulein«, sucht aus, trinkt wieder ein Helles und ißt genußvoll. Der Autor hat genau bemerkt, »bei Aschinger gewöhnt man sich rasch einen Eß- und Trink-Vertraulichkeitston an«. Man guckt ungeniert den anderen zu, die ebenso hingegeben essen, trinken, schwatzen. Amüsiert sieht er, »wie nach Wurstbrötchen und italienischen Salaten geangelt wird«. Doch auch dieses: Eine feine Dame »spießt ihr Kaviarbrötchen an zwei Fingern auf«. Der Autor trinkt ein weiteres Helles und läßt sich ein »neues Eßzauberstück« geben. Diesmal ist es »ein Brotbett mit einer schlafenden Sardine drauf«, die auf »Butterlaken« liegt. Bei Aschinger wird man eben angeregt, seine Phantasie zu beflügeln.

Was für Walser nicht nur als Schreiber, sondern überhaupt wichtig war, denn er lebte immer in äußerster Armut und Anspruchslosigkeit, erhielt schäbige Honorare, Ablehnungen und Demütigungen genug. Und noch ein Seltenes und Gutes fand er bei Aschinger. Man kann stundenlang am Fleck stehen und keiner findet das auffällig.

Für Robert Walser war die Prosa »Alltagsvertiefungsstück«, und er nannte seine Feuilletons »im Stil kleiner Teigwaren« geschrieben. Mehrere in Berlin verfaßte Romane und Stücke hat er zerissen. Er schlug sich durch, indem er kleine Sachen, jene »Mikrogramme«, für Zeitungen und Zeitschriften fabrizierte, so für Jakobsohns »Schaubühne«, Hardens »Zukunft«, die »Neue Rundschau«.

1913 verließ er Berlin ohne Hoffnung auf Anerkennung und Lebensmöglichkeit als Schriftsteller. Ein berühmter Theatermann, der später in Hollywood Erfolg hatte, fer-

tigte ihn so ab: »Walser, Sie haben als Commis begonnen und werden immer Commis bleiben!«
1929 begab sich Walser in der Schweiz in eine Nervenheilanstalt und blieb interniert bis zu seinem Tode 1956. Von seinen 1.000 Prosastücken bieten zwei Bände, die 1978 im Aufbau Verlag erschienen, eine Auswahl, darunter manches Berlinische. Herausgegeben und kommentiert hat Anne Gabrisch die Walserschen Texte.

Robert Walser (1878–1956) schrieb außer den Prosastücken u. a. die Romane »Geschwister Tanner« (1907), »Der Gehülfe« (1908), »Jacob von Gunten« (1909).

KINDERFREUNDSCHAFT IN DER LAUBENKOLONIE

Eine Autorin mit männlichem Pseudonym ist so selten nicht, aber daß im angenommenen Vor- und Nachnamen ganz auf starke Symbolkraft gezielt wird, schon. Die junge Frau, in Salzburg geboren, Stenotypistin, Bankangestellte, Journalistin, geht nach Berlin und heiratet hier 1928 den deutsch-tschechischen Schriftsteller Franz Carl Weiskopf. Sie wohnen in Reinickendorf in einer hübschen Wohnung unterm Dach und empfangen dort gern Besuch, Majakowski, den Prager Publizisten Julius Fucik.
Hier, vielleicht beeinflußt von Durians und Kästners neuen Kinderbüchern, schreibt die junge Frau ihre erste größere Arbeit, das Buch erscheint 1931 im Malik Verlag. Es soll anders als die genannten Bücher werden, es soll den Klassenkampf darstellen und erklären, natürlich in

spannender Handlung. Dazu kommt ein gar nicht exotisch gemeintes Moment: Die Freundschaft zwischen Ede, dem Sohn des eben arbeitslos gewordenen Arbeiters Sperling, und Unku, einem Zigeunermädchen aus dem grünen Wagen.

Die turbulente Geschichte vollzieht sich im Wedding und reicht hinüber nach Reinickendorf. Gegenden, die die Autorin also gut kennt. Sie huldigt dem Dokumentarischen bis in die Sprache, Genauigkeit ist Pflicht. So ist das Wirtschaftsbuch der Familie Sperling statistisch nachprüfbar: für Miete 34, Holz und Kohlen 8, Kartoffeln 4 Mark, Fleisch, Fett ungeplant, Margarine »Schwan im Blauband, frisch gekirnt«. Mittagessen der Familie: Heringsstücke und von der Mutter als Waschfrau mitgebrachte Spinatreste. Arbeitslosigkeit und Hunger sind im Wedding keine Agitationsmodelle. 1929 waren im Stadtbezirk 3.400, 1930 schon 40.000 Menschen arbeitslos. Von Streik ist im Buch oft die Rede und von Streikbrechern. 20 Streiks in 1.000 Betrieben zählte man 1928 in Berlin.

Auch bei den Schauplätzen der Handlung achtet die junge Autorin genau auf kontrollierbare Örtlichkeiten: Pankower Allee, Papier-, Böttger-, Provinzstraße, die immer noch so heißen. Die Kinder des Buches fahren mit der Straßenbahn 88, die von Gesundbrunnen nach Reinickendorf ging. Sie ist längst der Schnelligkeit des Autos geopfert worden. Die im Buch beschriebene Radfahrt die Panke entlang kann man geruhsam nachradeln; sie war sicherlich eine Erinnerung der Autorin, die bekanntermaßen damals gern Rad fuhr. Und daß man einen »Drahtesel« auf »Abstottern« kauft, wie Ede, war übliche Praxis.

Ede wird, um die Familienkasse aufzubessern, Zeitungsfahrer und beliefert die Laubenkolonien, die Zuflucht auf Dauer geworden waren. Auch hier hält sich die Schriftstellerin genau an die Wirklichkeit, denn im Wedding waren acht Prozent des Territoriums von solchen Kolonien besetzt, in Berlin ein ziemlich hoher Anteil. Noch heute existieren viele der in der vor fast siebzig Jahren geschriebenen Geschichte erwähnten Gartensiedlungen, und sie tragen die alten Namen: Holzweg, Sommerglück, Freie Scholle, Panke.

Alex Wedding, nach dem Alexanderplatz und dem roten Wedding nannte sich Grete Weiskopf und hat dieses Berliner Pseudonym lebenslang getragen. Mit ihrem Mann kam sie in den fünziger Jahren nach Berlin zurück, und beide wohnten bis zu ihrem Tode am Strausberger Platz 19.

Ede, wie auch andere Gestalten des Buches, hat sich nach dem Krieg bei ihr gemeldet. Der Schriftsteller Gilsenbach, dem besonders das Schicksal der Roma, einst Zigeuner genannt, nahegeht, konnte ihr nicht mehr mitteilen, daß er Überlebende aus Unkus Familie herausgefunden hatte. Die kluge, intelligente Unku aber wurde in Auschwitz ermordet.

In Kinderbüchereien stehen noch vereinzelte Exemplare von »Ede und Unku«. Wann wird dieses wieder aktuelle Buch gegen Fremdenhaß und für Solidarität einen Verlag finden?

Alex Wedding (1905–1966) schrieb außer »Ede und Unku« (1931) u. a. »Das Eismeer ruft« (1936), »Die Fahne des Pfeiferhänslein« (1948), »Das eiserne Büffelchen« (1952).

»SCHAU HEIMWÄRTS, TEUFEL!«

XI. Olympische Sommerspiele 1936. Der amerikanische Schriftsteller George Webber, wegen seiner Größe und langen Arme von Freunden Monk(ey), also Affe, gerufen, kommt nach Deutschland. Ihm ist das Leben in New Yorks high society zuwider geworden, er hat Sehnsucht nach dem Land, das er sehr liebt. In der Reichshauptstadt findet er Else, »äußerlich und innerlich nordische Walküre, mit üppigem goldblondem Haar«. Mit ihr zieht er fast jeden Tag ins Stadion. Webber ist beeindruckt von der »prachtvollen Organisation«. Vom Lustgarten, die breite Promenade der Straße Unter den Linden entlang zum Brandenburger Tor und weiter bis vor die Tore des Stadions, »ein erschütternd farbenprächtiges, königliches Fahnenmeer«. Überall herrscht Festtagsstimmung! Die »Pracht und Schönheit«, Fahnen und Fanfaren betäuben die Sinne; auch Webber ist vom »unbeschreiblichen Farbenspiel« hingerissen.
Als Berlin sich 1930 bewarb, waren die Nazis dagegen, sie fanden die Spiele »rasselos«. Jetzt, an der Macht, sahen sie in ihnen die Möglichkeit eines ungeheuren Täuschungsmanövers vor den Augen der Welt. Antisemitische Hetze verschwand aus den Straßen. Man gab die für damalige Zeit ungeheure Summe von 100 Millionen Mark aus, erbaute ein weitläufiges »Reichssportfeld« mit einem riesigen Olympiastadion. Im olympischen Dorf wurden Morgenandachten abgehalten, vor dem Stadion stand ein Missionszelt.

Webber ist begeistert und will nicht glauben, was ihm hinter vorgehaltener Hand erzählt wird, denn »keines der häßlichen Dinge, die man ihm zuflüstert, sah er wirklich«, kein Schlagen, keine Verhaftungen und kein KZ. Außerdem verzaubert ihn der frischgebackene Ruhm, den sein in Deutsch übersetzter Roman ihm einbringt. Überschäumend glücklich redet er mit »Schriftstellern, Taxifahrern, Hotelportiers«.

Endlich wird Webber unsicher: Zu einer Gesellschaft werden seine Freunde, auch Else, als verdächtige Personen nicht eingeladen; die braunen Kolonnen sind unbewaffnet und friedlich, Webber hört ihren rhythmisch-rauschenden Marschtritt in den Straßen, die scharfen Kommandos, und es klingt ihm nach Krieg; wenn der »Führer« voller Pomp ins Stadion fährt, sieht Webber hinter dem Operettenhaften den Größenwahn eines wiedergekehrten »Buddhas oder Messias«. Er spürt immer mehr, daß über allem etwas Bedrohliches liegt; Webber bemerkt in diesen »Sommerwochen und Monaten ringsum die Zeichen der Zersetzung und des Schiffbruchs«. Dennoch will Webber nicht fort, er ahnt, daß er dieses Land nicht wiedersehen wird, nicht die Bäume im Tiergarten, die »das grünste Grün der Erde« tragen.

Beim Abschied in der Halle des »Hotels am Zoo« und auf dem Bahnsteig streiten seine Freunde mit ihm: Soll er schreiben, was er erkannt und begriffen hat, und damit das Verbot seiner Bücher provozieren, oder schweigen und weiter auf seine deutschen Leser wirken? Als der Zug die Halle verläßt, spürt Webber: »Und sie alle waren verloren!«

Der Autor Thomas Wolfe schrieb immer mit autobiographischem Bezug. Durch »Schau heimwärts, Engel« war er berühmt geworden; Hermann Hesse nannte den Roman »die stärkste Dichtung aus dem heutigen Amerika«. Wolfe war 1900 als achtes Kind eines Steinmetzen in North Carolina geboren worden; er studierte und lehrte dann als Dozent für englische Literatur in New York. Immer wieder reiste er nach Europa, nach Deutschland, woher die Familie seines Vaters stammte. In seinem Roman um den Schriftsteller George Webber »Es führt kein Weg zurück« verarbeitete er seine Eindrücke der Olympischen Spiele in Berlin. Er starb schon 1938 in Baltimore an einer Infektion. Der Roman »Es führt kein Weg zurück« erschien 1940 aus dem Nachlaß. Sein Verleger Rowohlt, den er im Buch Karl Lewald nennt, ihm so ein Denkmal setzt, und in dessen Berliner Haus George Webber »ungeheuerliche Abende« erlebt, erhielt 1938 Berufsverbot. Der einflußreiche Nazibarde Will Vesper hatte Thomas Wolfe drohend zugerufen: »Schau heimwärts, Teufel!«

Thomas Wolfe (1900–1938) schrieb außer »Es führt kein Weg zurück« (1940) u. a. »Schau heimwärts, Engel!« (1929), »Von Zeit und Strom« (1935), »Geweb und Fels« (1939).

»DA LAUST DIR DER AFFE«

Köpenick ist die älteste Siedlung im Berliner Raum, kam aber erst 1920 als sechzehnter Bezirk zu Groß-Berlin. Weltbekannt wurde es 1906 durch den Streich des arbeitslosen Schusters Voigt, der, angetan mit einer schäbigen Hauptmannsuniform, im Rathaus Bürgermeister und Kämmerer festsetzte und mit der Kasse davonzog. Man lachte weltweit, auch der turbulente Wilhelm Zwo: Das macht uns keiner nach! Die Uniform als Staatsgott! In der kaiserlichen Hof-Rangordnung hatte der Berliner Oberbürgermeister nach den Obersträngen die Nr. 39 inne; hinter den Flügeladjutanten rangierten an 47. Stelle die Rektoren der Universitäten und Präsidenten der Akademien.

25 Jahre später machte sich Carl Zuckmayer den Stoff zunutze und verfaßte seine Komödie »Der Hauptmann von Köpenick«. Darin sagt ein Knastbruder zu Wilhelm Voigt: »Ick hab jegloobt, du wärst'n Berlina«; Voigt erwidert: »Bin'ck ooch. Heitzetage sind doch de meisten Berlina aus Posen. Ick bin schon aus de Wuhlheide.« Das Stück ist in beinahe lupenreiner Stadtsprache geschrieben. Es ist schon seltsam, daß die beiden Lustspiele, die am treffendsten den Berliner Charakter wiedergeben, von Nicht-Berlinern verfaßt wurden, dieses und »Der Biberpelz« von Gerhart Hauptmann, der war Schlesier, Zuckmayer Rheinländer.

Das Stück zeigt viele Orte, an denen Voigt seinen Coup vorbereitet, landet und endlich gefaßt wird: Das Café National in der Friedrichstraße, die Herberge zur Heimat im Norden, mit Bretterwänden, die mit Papier und Dachpappe abgedichtet sind, mit zweistöckigen Bettstellen und Strohsäcken; eine Wohnstube in Rixdorf; Kracauers Kleiderladen in der Grenadierstraße, ein dumpfes fensterloses Lokal, in dem Voigt die Uniform kauft; der Warteraum und der Abort des Schlesischen Bahnhofs, in dem er sie anzieht; das Köpenicker Rathaus mit Vorhalle, Treppenaufgang und Dienstzimmer;

Aschingers Bierquelle Neue Friedrichstraße und das Vernehmungszimmer im Polizeipräsidium am Alex, wo Voigt bekennt: »Ick habe immer nur mit der Behörde jekämpft.«
Ein Beispiel soll zeigen, wie – dicht an der Wirklichkeit und dennoch frei – Zuckmayer den Stoff bearbeitete: Nach der Tat hat sich Voigt einige Tage bei seiner Schwester, die dort ein Seifengeschäft hatte, in der Neuköllner Kopfstraße aufgehalten; im Stück wohnt Voigt vorher bei ihr und wird durch seine Ausweisung aus Rixdorf zur Tat angetrieben.
Zuckmayer war in Berlin zu Hause; er kam Anfang der zwanziger Jahre her, hauste in einer Kellerwohnung und in ungeheizter Dachkammer, verdiente sein Geld als Schlepper für Nachtlokale und als Kokainhändler, arbeitete aber auch für die »Weltbühne«, das »Tageblatt« und den »Börsen-Courier«. Er war 1923 zusammen mit Brecht Dramaturg am Deutschen Theater. In der Wannseevilla, die heute das »Literarische Colloqium« beherbergt, schrieb er bei Verwandten, die nichts von seiner Armut ahnen durften, am »Fröhlichen Weinberg«. Nach dessen großem Erfolg hatte er mit seiner Frau Am Park 18 (heute Fritz-Elsas-Straße) in Schöneberg eine Dachgartenwohung, von der man »über die ganze Stadt, vom Funkturm bis zur Kuppel des Doms hinweg sehen konnte«. Zuckmayer verließ 1933 Deutschland. Er trennte sich schwer von Berlin, dort waren von 1926 bis 1933 die glücklichsten und fruchtbarsten Zeiten seines Lebens, wie er im Rückblick fand.
Die Friedrichshainer Voigtstraße ist nicht nach unserem
 Wilhelm benannt. Der Bezirk Schöneberg leistet sich im-

merhin eine Carl-Zuckmayer-Brücke. Und in Köpenick feiert man seit 1961 – nach einer Wendepause – wieder das große Sommerfest, bei dem »preußische Soldaten« unter ihrem »Hauptmann« aufziehen. Noch immer heißt es dann, denkt man an den Geniestreich Voigts: »Ick lach mir dot, Kinder … da laust dir der Affe …«

Carl Zuckmayer (1896–1977) schrieb außer dem Stück »Der Hauptmann von Köpenick« (1931) u. a. »Der fröhliche Weinberg« (1925), »Schinderhannes« (1927), »Des Teufels General« (1942).

Friedrichstraße, 1994

RUSSISCHER AUSFLUG NACH CHARLOTTENBURG

Die preußische Königin Sophie Charlotte, geistvolle Freundin von Leibniz, schrieb ihrem Mann im letzten Brief: »Ich sterbe nun also und tue damit alles, was ich für Seine Majestät zu tun imstande bin«, indem sie ihn vom Druck befreite, den er in ihrer Nähe spürte und ihm Gelegenheit gab, ein pomphaftes Begräbnis zu begehen. Nahe dem alten Dorf Lie(ü)tzow – dessen Reste noch in Alt-Lietzow erkennbar sind – wurde der Königin ein Sommerschloß gebaut, Charlottenburg. In der Nähe des Schlosses entstand eine Siedlung, die mit dem Dorf verschmolz. Um 1900 hatte Charlottenburg schon weitgehend das Ackerbürgerliche verloren, zählte bereits 200.000 Einwohner und war nach Steuern die reichste Stadt Preußens.

Ein russischer Professor und seine beiden halbwüchsigen Töchter wandern nach Charlottenburg. (Es muß so um das Jahr 1910 sein, das Ziel offensichtlich die Gipsformerei Sophie-Charlotten-Straße, noch heute eine der größten der Welt.) Der Vater, »ein notorischer Geher«, in hartem Schritt, die beiden Mädchen keuchend hinterdrein. Zur großen Hitze kommt die abschreckende Mädchenmode: »Zwingen von Manschetten, Tellereisen von Kragen«. Den Mädchen erscheint Charlottenburg »wie ausgestorben«, kein Hund bellt, die Fensterläden sind geschlossen. Der Vater kennt sich in der großen Gipsgießerei aus und verhandelt mit dem Direktor. Die

Mädchen streifen inzwischen durch das weiße Labyrinth von Statuen aller Größen und spielen Verstecken. Die Backfische albern herum, naschen russische Eisbonbons und stecken einen grünen in den aufgerissenen Rachen eines Löwen und einen roten in den qualvoll geöffneten Mund eines Heroen. Und wenn man die versteckten Süßigkeiten unter diesen Göttern, Heiligen, Helden und Hoheiten findet? Der Direktor wird nicht glauben, daß ausgerechnet die Töchter dieses Mannes … Der deutsche Chef schenkt den beiden Mädchen zwei Statuen, die sie aussuchen dürfen, und die ältere hört entzückt, daß sie ahnungslos eine Amazone gewählt hat. Dennoch liebt sie diese Gipsdinger nicht besonders, lieber wäre ihr ein Buch gewesen. »Zufrieden verlassen sie das verwunschene Reich.« Bis hierher könnte es sich um eine übermütige Geschichte handeln, die geschrieben wurde, ohne je in Deutschland und Charlottenburg gewesen zu sein. Aber als der Vater am Schluß sagt: »Und jetzt gehen wir Bier trinken!« weiß der Leser um die Echtheit des Milieus.

Verfaßt hat diese Erzählung Marina Zwetajewa aus der Erinnerung eines Berlin-Besuches, zusammen mit ihrem Vater, der ein berühmter Kunstwissenschaftler war und das erste öffentliche Museum in Moskau begründete, das heutige Puschkin-Museum. Sie kannte Deutschland aus Besuchen und längeren Aufenthalten seit ihrer Kindheit. Marina Zwetajewa sprach und schrieb hervorragend Deutsch, wovon ihr leidenschaftlicher Briefwechsel mit Rilke 1926 zeugt. Darin dichtet sie sogar an deutschen Worten: »Augenblick – Augenblitz klänge besser, wär ich ein Deutscher, ich hätt es umgeändert: Der

Blitz geht doch schneller wie ein Blick! Und ein Augenblitz geht doch noch schneller als ein Blitz ... Zwei Schnellen in einer. Nicht?«
1922 wohnte sie in der von Russen bevorzugten Pension am Prager Platz, danach in der Trautenaustraße 9. Hier traf sie ihren Mann wieder, der bei den Weißen gekämpft hatte, und ging mit ihm und ihren Kindern ins schwere Exil nach Prag und Paris. Die Familie kehrte nach Moskau zurück; Mann und Tochter wurden verhaftet. Ihr Mann, der in der Emigration für die Sowjetunion gearbeitet hatte, wurde 1941 als Spion beschuldigt und erschossen. Marina Zwetajewa evakuierte man nach Jelabuga an der Kama. Sie litt tief unter Not und Einsamkeit und erhängte sich. Ihr Sohn fiel 1944 als Rotarmist. Im Gedicht »An Deutschland« schrieb sie 1939: »Einst – mit Märchen uns eingelullt/ Heut – schlägt's mit Panzern zu.« Die Erzählung »Charlottenburg« ist in den drei Bänden ausgewählter Werke Zwetajewas zu finden, die Edel Mirowa-Florin, noch bevor eine ähnliche Publikation in Moskau erschien, im Verlag Volk und Welt herausgab.

Marina Zwetajewa (1892–1941) schrieb außer der Erzählung »Carlottenburg« vor allem Gedichte, »Strophen an den Sohn« (1932), »Der Drang nach Haus!« (1934), »Poem vom Berg« (1926), »Poem vom Ende« (1926).

Unter den Linden, 1992

STRASSENVERZEICHNIS

* existiert nicht mehr

ISBN 3-359-00844-8

1. Auflage

Rosa-Luxemburg-Str. 16 · 10178 Berlin
Lektorat: Ingrid Kirschey-Feix
Umschlagentwurf: Jens Prockat
Druck und Bindung:
Clausen & Bosse, Leck

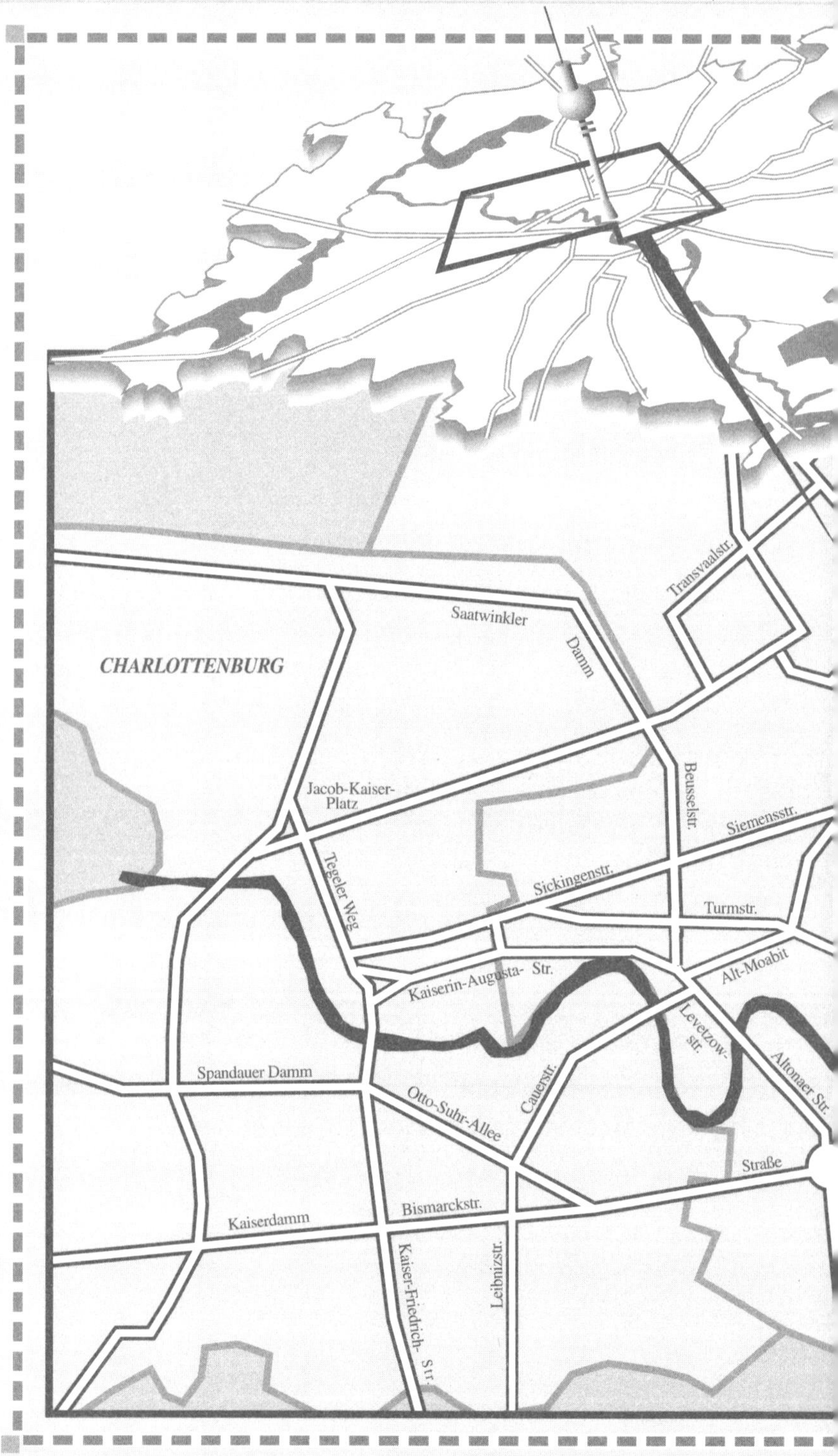

CHARLOTTENBURG
Saatwinkler
Damm
Transvaalstr.
Beusselstr.
Jacob-Kaiser-
Platz
Siemensstr.
Tegeler Weg
Sickingenstr.
Turmstr.
Alt-Moabit
Kaiserin-Augusta- Str.
Levetzow-
str.
Altonaer Str.
Spandauer Damm
Otto-Suhr-Allee
Cauerstr.
Straße
Bismarckstr.
Kaiserdamm
Kaiser-Friedrich- Str.
Leibnizstr.